シナリオつき

保健指導《小学校編》
おたすけパワーポイントブック１

書きかえも自由自在

はじめに

1．パワーポイント教材について

　近年、学校では、パソコンやプロジェクターなどの視聴覚機器の整備が進み、パワーポイントを使った保健指導を行う養護教諭が増加しています。私の最後の勤務先は、児童数約1,300人の超大規模校で、年5回の体重測定時には、3人の養護教諭が低・中・高学年に分かれ、私が作成したパワーポイント教材を学年に応じた表現に一部変更して保健指導を実施していました。
　パワーポイントを使用する利点として、
・パソコンさえあれば、場所を取らず、どこでも作成でき、変更・保存が容易である。
・作成したパワーポイント教材は紙芝居や掲示物、保健便り、劇やビデオにも活用できる。
・写真やイラスト、グラフなどが表示でき、児童の視覚に訴え、興味関心を引きやすい。
・アニメーションやサウンドを追加することで、刺激的な指導が可能になる。
・作成枚数の工夫やリハーサル機能により決められた時間内で指導ができる。
・集団指導だけでなく、個別指導にも使用できる。
　一方、問題点として、
・指導が一方的になり、単調になってしまうことがある。
・文字数に限度があり、詳細表示ができないため、補足説明をする必要がある。
・スライドショーによる指導は、指導の振り返りや全体像の把握が難しい。
・知識理解中心の指導となりやすく、行動変容や実践化につなげる工夫が必要である。
などが考えられます。
　そこで、パワーポイントの利点を生かし、問題点を克服しながら、パワーポイント初心者には、そのまま使って指導ができる、またパワーポイント経験者には、作成時間を短縮し、自校の実態に応じた指導ができる書きかえ可能なパワーポイント教材を作成しました。
　パワーポイント教材は、体重測定時などに実施する15分程度の保健指導を想定しています。題材は、保健指導の王道ともいえる内容に厳選しつつ、発達段階を考慮して低・中・高学年で内容に広がりを持たせています。自由に補足や書きかえができるよう、できるだけ簡潔に作成しましたので、もしかした

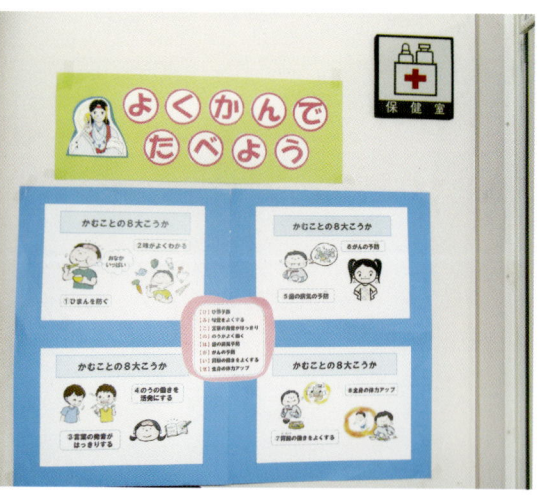

ら物足りなさを感じるかもしれません。あえて薄味に仕上げていますので、自分好みの味付けで料理していただければうれしいです。なお、表記は該当する学年で学習する漢字までを使用し、まだ学習していない漢字には振り仮名をつけています。また、本書のイラストはすべて少年写真新聞社のインターネットサービス "SeDoc" のイラストを利用しています。

２．シナリオについて

　シンプルが命のパワーポイント教材は、補足説明が重要となります。また、年数回の短時間の保健指導で、十分指導の効果を上げたい養護教諭にとって、教材以上にシナリオ作成に時間を要します。

　そこで、指導案の代わりに、指導の全体と詳細がともに把握でき、即使っていただけるシナリオを添付しました。シナリオは、一方的になりやすい指導にメリハリをつけるため、15分の指導にも導入、展開、まとめを意識し、児童への発問や振り返りを促す発言を随所に入れ、健康への興味関心や実践への意欲を高めています。また、シナリオもできるだけ平易な表現にしています。低・中・高学年の指導にとらわれず、自校の実態に応じた学年で使用することも可能です。例えば、飲酒・喫煙・薬物乱用防止では、教材やシナリオの表現を一部変更するだけで、酒やたばこなどの指導ができます。

　さらに、シナリオがあると、学級担任が保健学習の導入や補足に活用したり、児童委員会活動で劇をしたりすることも手軽にできます。

　本書では、各パワーポイントの後ろのページにシナリオを掲載していますが、CD-ROMでは、パワーポイントのノートの部分に記載しています。シナリオを見ながらパワーポイントを変更したり、印刷の設定で、パワーポイントとシナリオを1枚のページで見たりすることも可能です。

３．ワークシートについて

　短時間の保健指導とはいえ、児童の健康課題を解決し実践化を促すような指導でなければなりません。また、養護教諭自身も自己満足で指導を終えるのではなく、客観的な評価を行い、常に指導の改善を試みることが必要なのではないでしょうか。

　そこで、指導後に活用できるワークシートとその解説を添付しました。児童の「健康への関心」や今後の「実践への意欲」、「知識・理解」の程度について確認できるワークシートです。短時間の保健指導は、保健学習や特別活動における保健指導と違い、児童の記録としての評価をする必要はないと思いますが、ワークシートから見える児童の実態は、担任と共有することで今後の指導において貴重な資料となります。個別指導の充実のためにもぜひ活用していただきたいと思います。

　また、ワークシートの解説に、指導する際の簡単なポイントを掲載しています。パワーポイント教材一つひとつに込めた筆者の思いをくみ取っていただければ幸いです。

　本書が、タイトル通り、養護教諭の先生方の「おたすけパワーポイントブック」になることを願っています。

畿央大学　高田恵美子

もくじ

はじめに 2
もくじ 4
CD-ROMの使い方 6

1章　生活習慣　.. 9

早ね・早おき・朝ごはん（1・2年）指導案 10
　シナリオ 12
　ワークシート .... 14　　ワークシート（解説）........... 15

生活リズムを整えよう（3・4年）指導案 16
　シナリオ 18
　ワークシート .... 20　　ワークシート（解説）........... 21

生活習慣病ってなに？（5・6年）指導案 22
　シナリオ 24
　ワークシート .... 26　　ワークシート（解説）........... 27

手あらい・うがいをしよう（1・2年）指導案 28
　シナリオ 30
　ワークシート .... 32　　ワークシート（解説）........... 33

せきエチケットってなに？（3・4年）指導案 34
　シナリオ 36
　ワークシート .... 38　　ワークシート（解説）........... 39

インフルエンザの予防（5・6年）指導案 40
　シナリオ 42
　ワークシート .... 44　　ワークシート（解説）........... 45

冬やすみのすごしかた（1・2年）指導案 46
　シナリオ 48
　ワークシート .... 50　　ワークシート（解説）........... 51

上手な冬の過ごし方（3・4年）指導案 52
　シナリオ 54
　ワークシート .... 56　　ワークシート（解説）........... 57

冬のけがや病気に注意！（5・6年）指導案 58
　シナリオ 60
　ワークシート .... 62　　ワークシート（解説）........... 63

2章　正しいブラッシングと歯の病気　65

はの王さまをきちんとみがこう（1・2年）指導案　66
シナリオ　68
ワークシート　70　　ワークシート（解説）　71

よくかんで食べよう（3・4年）指導案　72
シナリオ　74
ワークシート　76　　ワークシート（解説）　77

歯肉の病気とけが（5・6年）指導案　78
シナリオ　80
ワークシート　82　　ワークシート（解説）　83

3章　性教育　85

あかちゃんのお話（1・2年）指導案　86
シナリオ　88
ワークシート　90　　ワークシート（解説）　91

おなかの中へタイムスリップ（3・4年）指導案　92
シナリオ　94
ワークシート　96　　ワークシート（解説）　97

生命の不思議（5・6年）指導案　98
シナリオ　100
ワークシート　102　　ワークシート（解説）　103

4章　薬物乱用防止　105

いろいろなのみもの（1・2年）指導案　106
シナリオ　108
ワークシート　110　　ワークシート（解説）　111

たばこについて（3・4年）指導案　112
シナリオ　114
ワークシート　116　　ワークシート（解説）　117

薬物は絶対ダメ！（5・6年）指導案　118
シナリオ　120
ワークシート　122　　ワークシート（解説）　123

おわりに　124　　イベントカレンダー　126
参考資料　127

CD-ROMの使い方

■基本操作（Windowsの場合）

巻末のCD-ROMには、本書に掲載されたデータをすべて収録しています。

① CD-ROMドライブにCD-ROMを入れます。

② CD-ROMが起動すると、以下のようなウインドウが表示されます。

③ フォルダは章ごとに分類されていますので、利用したい章のフォルダを開き目的のパワーポイントのファイルをクリックしてください。

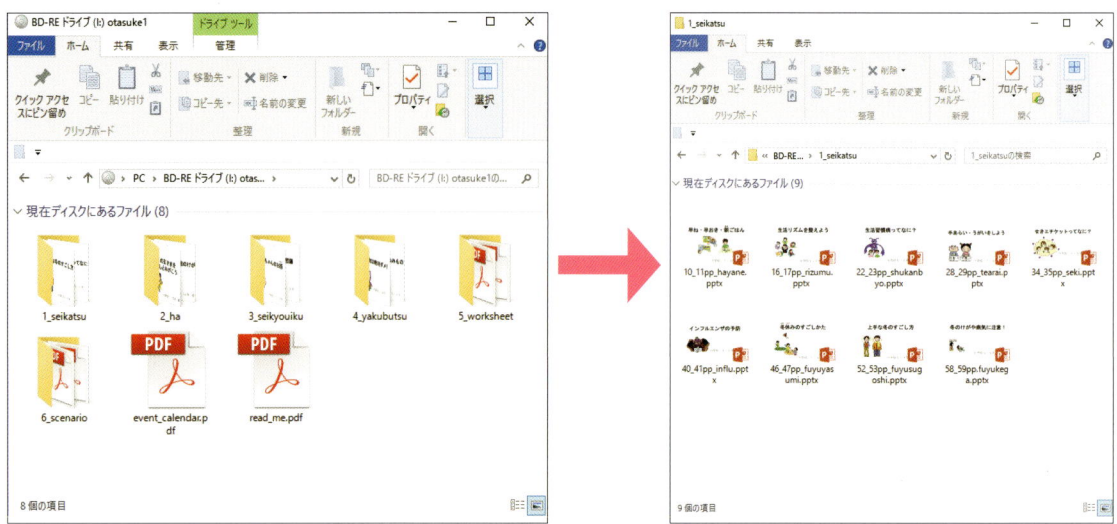

④ パワーポイントのファイルは、以下のように表示されます。

　　PCをプロジェクターなどに接続すると、スライドを投影させることができます（※ PCとプロジェクターの接続についてはお使いの機器の取扱説明書をご確認ください）。

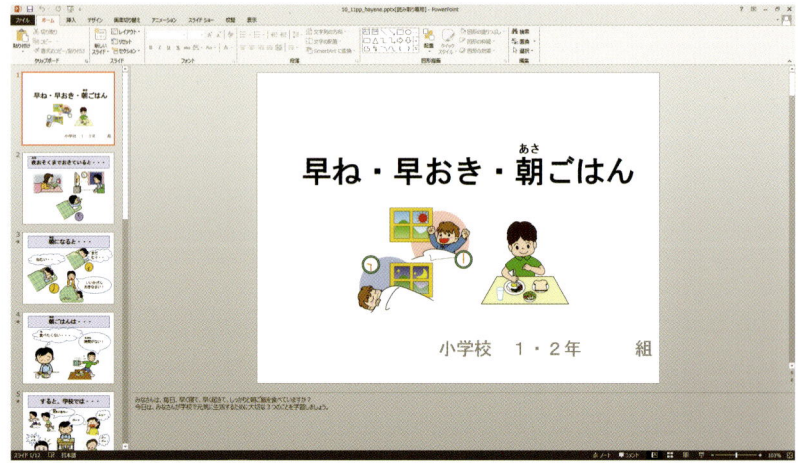

以下は Microsoft PowerPoint 2013 を使用した入力例です。お使いのソフトのバージョンによって違いがありますので、それぞれのマニュアルでご確認ください。

■**文字の入力（変更方法）**
①文章変更したいスライドのテキスト部分、またはシナリオ部分を表示させます。
②欄にカーソルを合わせて、文字を変更します。

■**イラストの変更方法**
①変更したいイラストを右クリックします。
②メニューから「図の変更」を選択し、変更したいイラストの場所を参照します。

CD-ROMの構成

■ファイル、フォルダ構成
　read_me.pdf
　1_seikatsu
　2_ha
　3_seikyouiku
　4_yakubutsu
　5_worksheet
　6_scenario
　event_calendar.pdf

■ご使用にあたっての注意
【動作環境】
・PowerPoint 2007 以降、PowerPoint 2011 for Mac 以降。
・CD-ROM ドライブ必須。
※ Windows の場合は、PowerPoint Viewer（無償）での閲覧も可能です。マイクロソフト社のウェブサイトよりダウンロードしてお使いください。

【著作権に関しまして】
　本書に掲載されているすべての文書の著作権は著者に、イラストの著作権は株式会社少年写真新聞社に帰属します。なお複数使用の許諾については、株式会社少年写真新聞社にお問い合わせください。学校・園所内での使用、児童生徒・保護者向け配布物に使用するなどの教育利用が目的であれば、自由にお使いいただけます。それ以外が目的の使用、ならびにインターネット上で使用することはできません。

【ご使用上の注意】
・OS やアプリケーションのバージョン、使用フォント等によってレイアウトがくずれることがありますが、仕様ですのでご了承ください。ご使用の環境に合わせて修正してください。
・この CD-ROM を音楽用 CD プレーヤー等に使用すると、機器に故障が発生する恐れがあります。パソコン用の機器以外には入れないでください。
・CD-ROM 内のデータ、あるいはプログラムによって引き起こされた問題や損失に対しては、弊社はいかなる補償もいたしません。本製品の製造上での欠陥につきましてはお取りかえしますが、それ以外の要求には応じられません。
・図書館での CD-ROM の貸し出しは禁止させていただきます。

　　　Apple、Macintosh は米国やその他の国で登録された Apple Inc. の商標または登録商標です。
　　　Microsoft、Windows、PowerPoint は Microsoft Corporation の米国その他の国における登録商標または商標です。

1章

生活習慣

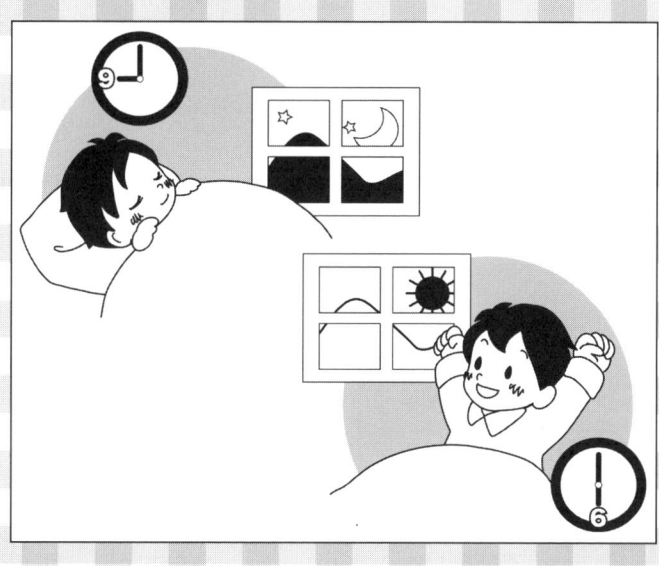

早ね・早おき・朝ごはん（1・2年）

※シナリオはP12〜13をご参照ください

①

②

③

④

⑤

⑥

⑦
どうして「早ね」が大切なの？

- 体のつかれがとれる
- ねている間に、体がせいちょうする
- あたらしくおぼえたことをわすれないようにする

⑧
どうして「早おき」が大切なの？

- あたまがすっきりする
- 朝の時間にゆとりがある
- 朝ごはんをしっかり食べることができる

⑨
どうして朝ごはんが大切なの？

- 頭が目ざめてはたらく
- 体がうごきやすくなる
- うんちが出やすくなる

⑩
ぐっすりねむりですっきり目ざめ

休み時間や体いくの時間は、しっかり体をうごかしましょう

⑪
すっきり目ざめて、朝ごはん

きまった時こくにねて、きまった時こくに自分でおきましょう

⑫
自分の生活を見直し、できることからはじめましょう

早おき　朝ごはん　早ね

おしまい

早ね・早おき・朝ごはん（１・２年）
～シナリオ～

①みなさんは、毎日、早く寝て、早く起きて、しっかりと朝ご飯を食べていますか？
今日は、みなさんが学校で元気に生活するために大切な３つのことを学習しましょう。

②みなさんが夜寝る前の生活を思い出してみましょう。
寝る前に、本を読んだり、ゲームをしたり、テレビを見たりする人はいませんか？
たくさんいますね。
では、本を読んだり、ゲームをしたり、テレビを見たりしていると面白すぎて、夢中になってしまい、夜寝るのが遅くなったことがあるという人はいませんか。
これもたくさんいますね。

③それでは、寝るのが遅くなってしまった次の日の朝はどうでしょう。
いつもの時間に起きられない。おうちの方が起こしても起きられない。
とても眠くて、なかなか目が覚めません。

④やっとのことで、起きたけれど、おいしそうな朝ご飯も食べたくありません。
逆に、食べたいなと思っても、起きるのが遅かったため、もう学校に行く時間です。
朝ご飯を食べる時間なんてありません。

⑤そのような日の学校生活はどうでしょうか。
先生のお話もしっかり聞けず、ぼーっとしたまま、眠くてあくびが出たり、思わず寝てしまったりすることがあるかもしれません。
また、お友達と外遊びをしていても、体がだるくて元気が出ません。
おまけに、なんだかイライラしてすぐに怒ってしまい、嫌な気分です。

⑥早く寝て、早く起きて、朝ご飯をしっかり食べると、一日を元気に過ごすことができます。
では、なぜ、「早寝」「早起き」「朝ご飯」が大切なのかを見ていきましょう。

⑦どうして「早寝」が大切なのでしょうか？
早寝をすると、運動や遊びの疲れをとることができるからです。
また、寝ている間に、体が大きく成長するからです。
そして、昼間、学校で覚えたことを忘れないように、寝ている間に、頭の中で整理することができるからです。

⑧どうして「早起き」が大切なのでしょうか。
　早起きをすると、頭がすっきりして、とても気持ちが良くなるからです。
　また、朝の時間にゆとりがあるため、学校へ行く用意もゆっくりできるからです。
　そして、朝ご飯をしっかり食べる時間ができるからです。

⑨どうして「朝ご飯」を食べることが大切なのでしょうか？
　朝ご飯を食べると、頭が目覚め、よく働くようになり、しっかり勉強することができるからです。
　また、体が動きやすくなり、活発に運動することができるからです。
　そして、おなかの調子が良くなりうんちが出やすくなるからです。

⑩みなさん、「早寝」「早起き」「朝ご飯」が大切な理由がわかりましたか？
　と言っても、なかなか夜眠ることができない人もいます。
　ぐっすり眠ってすっきり目覚めるには、昼間、休み時間や体育の時間にしっかり体を動かすとよいのです。

⑪また、すっきり目覚めて、朝ご飯をおいしく食べるためには、決まった時刻に寝て、決まった時刻に起きるようにしましょう。
　おうちの方に起こしてもらうのではなく、自分で起きることができれば、やる気もパワーも湧いてきます。

⑫もう一度自分の生活を振り返ってみましょう。
　早寝できてますか？
　早起きできていますか？
　朝ご飯を食べていますか？
　楽しい学校生活が送れるように、自分の生活を見直して、健康に良い生活をすることから始めてくださいね。

　最後に、みなさんが学校で元気に過ごすために大切な合言葉、「早寝、早起き、朝ごはん」をみんなで声をそろえて言ってみましょう。
　「早寝、早起き、朝ご飯」。

「早ね・早おき・朝ごはん」（1・2年）ワークシート

＿＿年＿＿組　名前＿＿＿＿＿＿＿＿＿＿＿＿＿＿

1　あてはまるものに○をつけましょう。

　①自分のねるじかんやおきるじかん、朝ごはんについて考えることができましたか？

　[　　　できた　　　　だいたいできた　　　　できなかった　　]

　②これからは、早ね・早おきをしたり、朝ごはんを食べたりできますか？

　[　　　できる　　　　ときどきできる　　　　できない　　　　]

2　☐の中にあてはまる言葉を書きましょう。

　①　☐　には、体のつかれをとる、体が成長する、あたらしくおぼえたことをわすれないようにするはたらきがあります。

　②　☐　が大切なのは、あたまがすっきりする、朝のじかんにゆとりがある、朝ごはんをしっかり食べることができるからです。

　③　☐　が大切なのは、あたまのはたらきを目ざめさせる、体のうごきをよくする、うんちを出やすくするからです。

3　かんそうやしつもんを書きましょう。

「早ね・早おき・朝ごはん」(1・2年) ワークシート解説

___ 年 ___ 組　名前 _____

1　あてはまるものに○をつけましょう。

　①自分のねるじかんやおきるじかん、朝ごはんについて考えることができましたか？　◀ 健康への関心

　[　　　できた　　　　だいたいできた　　　　できなかった　　]

　②これからは、早ね・早おきをしたり、朝ごはんを食べたりできますか？　◀ 実践への意欲

　[　　　できる　　　　ときどきできる　　　　できない　　　　]

2　☐　の中にあてはまる言葉を書きましょう。　◀ 知識・理解

　①　[早ね]　には、体のつかれをとる、体が成長する、あたらしくおぼえたことをわすれないようにするはたらきがあります。

　②　[早起き]　が大切なのは、あたまがすっきりする、朝のじかんにゆとりがある、朝ごはんをしっかり食べることができるからです。

　③　[朝ごはん]　が大切なのは、あたまのはたらきを目ざめさせる、体のうごきをよくする、うんちを出やすくするからです。

指導する際のポイント

　小学校では、身近な生活における自分の行動や環境について振り返り、改善できるようにすることを保健指導の目的としています。しかし、低学年の児童にとって、自分の生活を振り返ることは容易なことではありません。そこで、bad モデルを提示し、モデルに自分を投影しながら、good モデルで改善策を学ぶというスタイルをとっています。また、抽象的な表現はなるべく避け、質問に具体的に答えるような表現を用いると理解や実践への意欲が高まると思います。

生活リズムを整えよう（3・4年）

※シナリオはP18～19をご参照ください

① 生活リズムを整えよう

小学校3・4年　　組

② きそく正しい生活をしていますか？

③ 生活リズムを整えるには

早おき／早ね／朝ごはん

④ 朝ごはんを食べないとどうなる？

体の調子が悪くなる／元気が出ない／勉強に集中できない／イライラする

⑤ 朝ごはんの働き

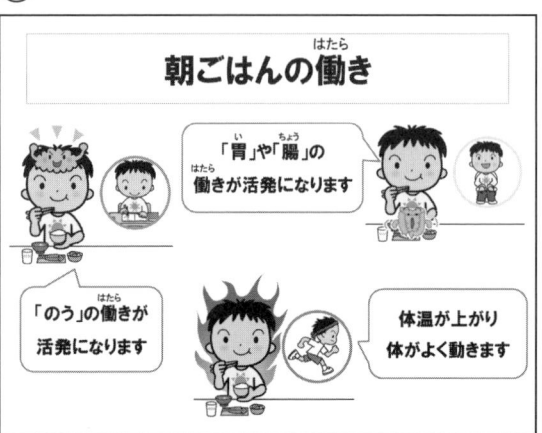

「胃」や「腸」の働きが活発になります／「のう」の働きが活発になります／体温が上がり体がよく動きます

⑥ ね不足だとどうなる？

あくび／つかれやすい／食よくがない／ぼんやりしてしまう／イライラする

⑦

⑧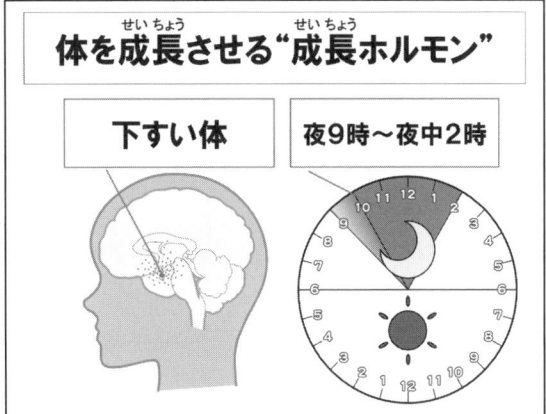

⑨

⑩

⑪

⑫

生活リズムを整えよう（3・4年）
～シナリオ～

①みなさんは、生活リズムという言葉を聞いたことがありますか？
　生活リズムとは、寝て、起きて、ご飯を食べて、勉強や運動をするなどの毎日の生活習慣のことです。
　今日は、健康な生活を送るために大切な生活リズムについて学習しましょう。

②生活リズムを整え、規則正しい生活を送るために大切なものは何だと思いますか。
　それは「食事」「運動」「睡眠」です。
　人間の体は、もともと、昼間、運動して、しっかりご飯を食べて、夜眠るというリズムが備わっています。
　しかし、朝ご飯抜き、昼間は部屋でごろごろ、、夜遅くまで起きてゲームをするなど、もしかしたら、みなさんの中にも、規則正しい生活ができていない人がいるかもしれませんね。
　おなかが痛い、頭が痛い、体がだるいなど身体の調子が悪くなって保健室に来た人に生活の様子を聞くと、朝ご飯を食べていないとか、寝るのが遅かったとかいう場合が多いのです。

③乱れた生活リズムは、「早寝」「早起き」「朝ご飯」で整えることができます。
　少し、自分の生活を振り返ってみましょう。
　みなさんは、「早寝」「早起き」「朝ご飯」ができているでしょうか。

④朝ご飯を食べないと、脳が目覚めないため、勉強に集中できません。
　また、エネルギー不足では元気が出ません。
　頭が痛くなったり、気持ちが悪くなったり、体の調子が悪くなったりする場合もあります。
　さらに、おなかがすくとイライラして、気持ちのコントロールができなくなります。

⑤朝ご飯にはとても大切な働きがあります。
　朝ご飯を食べると、「脳」が目覚め、働きが活発になり、勉強に集中できます。
　また、「胃」や「腸」の働きが活発になり、毎朝きちんとうんちが出るようになります。
　さらに、ご飯を食べると体にエネルギーが行き渡るので、体温が上がり、体を動かす力が湧いてきます。

⑥では、寝不足の場合はどうでしょうか。
　せっかくの朝ご飯も、ボーっとして食べる気が起こりません。
　疲れやすく、集中力も低下し、ぼんやりしたり、あくびが出たりしてしまいます。
　また、イライラして、気持ちをコントロールすることが難しくなります。

⑦睡眠にはとても大切な働きがあります。
　体の疲れを取ったり、病気にかかりにくくしたり、新しく覚えたことを脳の中で整理し、忘れないようにしたりします。
　また、これから成長期に入るみなさんの体を大きくします。

⑧みなさんの体が大きくなるのは、寝ている間に脳の下垂体から成長ホルモンが出るからです。
　成長ホルモンは、夜9時から夜中2時までの間にたくさん出ます。
　夜更かしをせず、この時間にしっかり寝ると、成長ホルモンがたっぷり出て、骨が伸びたり、筋肉がつくられたりするのです。

⑨ぐっすり眠るために大切なことは何でしょうか。昼間、外遊びなどで、元気に体を動かし、気持ちよく疲れると、夜はぐっすり眠ることができます。

⑩寝る前には、テレビやゲームなどの強い光は見ないようにしましょう。
　なかなか眠れないときは、部屋を暗くすることも大切です。
　また、寝る前に少しぬるめのお風呂に入ると、気持ちよく眠ることができます。
　自分に合った高さの枕を見つけるのも一つの方法です。

⑪そして、朝すっきり気持ちよく目覚めるには、目が覚めたらカーテンなどを開け、朝の光を浴びましょう。
　顔を洗ったり、朝ご飯を食べたりして、頭や体を動かすとすっきり目が覚めてきます。
　新聞をポストから取ってくる、犬の散歩をするなど朝のお手伝いを日課に入れると、心も体もすっきり、さわやかな気持ちになります。

⑫今日のまとめです。
　みなさんの体がより良く成長するためには、「早寝」「早起き」「朝ご飯」を習慣化し、生活リズムを整えることが大切です。
　早く寝ると、朝すっきりと目が覚め、朝ご飯をしっかり食べることができます。
　学校では、勉強に集中できるため、学習がはかどります。
　元気に遊んだり、運動したりすると、適度に疲れ、気持ちよく早寝することができます。
　みなさん、もう一度自分の生活を振り返ってみましょう。
　「早寝」「早起き」「朝ご飯」、勉強や運動はしっかりできていますか？
　自分の生活リズムを見直して、できるところから改善していきましょう。

「生活リズムを整えよう」（3・4年）ワークシート

___年 ___組　名前 _____

1　あてはまるものに○をつけましょう。

①毎日の生活しゅうかんについてふりかえることができましたか？

[　　　できた　　　　　だいたいできた　　　　　できなかった　　]

②これからは、生活リズムを整えることができますか？

[　　　できる　　　　　ときどきできる　　　　　できない　　　　]

2　☐の中にあてはまる言葉を書きましょう。

①生活リズムを整えるには、早ねをして、☐☐☐をして、朝ごはんをしっかり食べることが大切です。

②わたしたちの体は、ねている間に☐☐☐が出て、体がぐんぐん成長します。

③☐☐☐を浴びると、すっきり目がさめます。

3　感想やしつ問を書きましょう。

☐

「生活リズムを整えよう」(3・4年) ワークシート解説

＿＿年＿＿組　名前＿＿＿＿＿＿＿＿＿＿＿＿＿＿

1　あてはまるものに○をつけましょう。

①毎日の生活しゅうかんについてふりかえることができましたか？　◀ 健康への関心

[　　　できた　　　　だいたいできた　　　　できなかった　　　]

②これからは、生活リズムを整えることができますか？　◀ 実践への意欲

[　　　できる　　　　ときどきできる　　　　できない　　　　　]

2　☐　の中にあてはまる言葉を書きましょう。　◀ 知識・理解

①生活リズムを整えるには、早ねをして、 早おき をして、朝ごはんをしっかり食べることが大切です。

②わたしたちの体は、ねている間に 成長ホルモン が出て、体がぐんぐん成長します。

③ 朝の光 を浴びると、すっきり目がさめます。

指導する際のポイント

　睡眠や朝食は家庭の影響を強く受けるため、保健指導の王道とはいえ、児童に指導しにくい内容です。しかし、さまざまな家庭の事情があるからできないのではなく、まずは児童に正しい知識を理解させ、生活を改善していく力を育成したいと思います。それとともに、児童の変容によって、家庭や地域の生活が改善できるように家庭や関係機関と連携した取り組みを進めていきたいと思います。「子どもを変える、子どもから変える」、これが私の目指す保健指導の姿です。

生活習慣病ってなに？（5・6年）

※シナリオはP24〜25をご参照ください

① 生活習慣病ってなに？
小学校5・6年　　組

② 生活習慣病とは
食事や運動、きつえん、飲酒などの生活習慣が原因となって起こる病気

③ 3大生活習慣病とは
がん（死亡原因1位）／脳卒中／心臓病

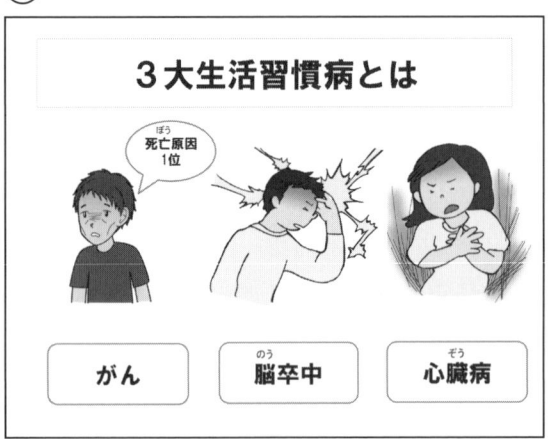

④ そのほかの生活習慣病
高血圧／糖尿病／むし歯・歯肉の病気／肥満　など

⑤ 健康な血管とせまくなった血管
健康な血管／せまくなった血管

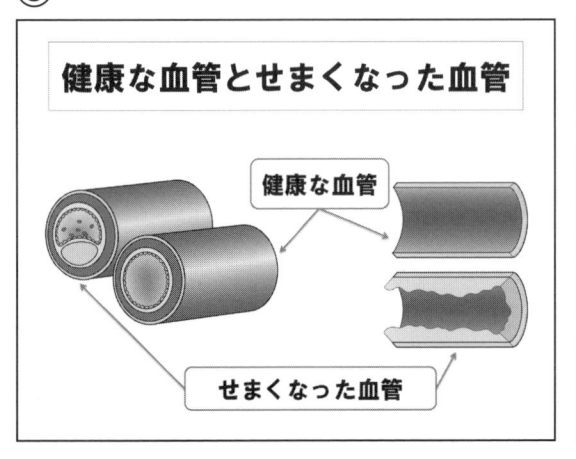

⑥ 健康に良くない食生活
食べ過ぎ／お菓子ファストフード／好きなものだけ／こい味付け

⑦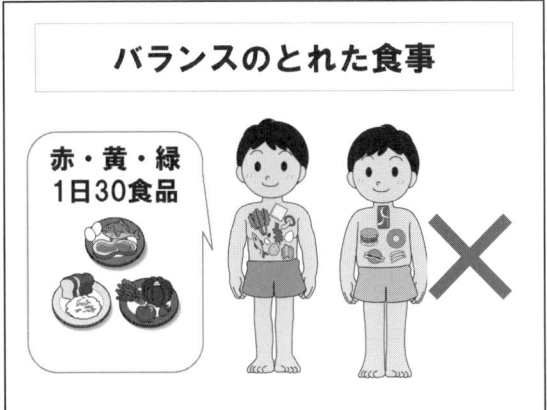

⑧

⑨

⑩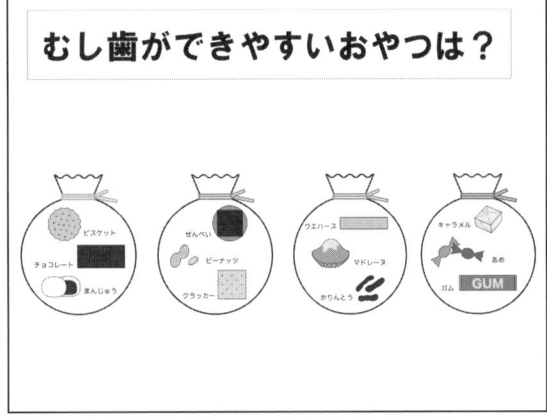

⑪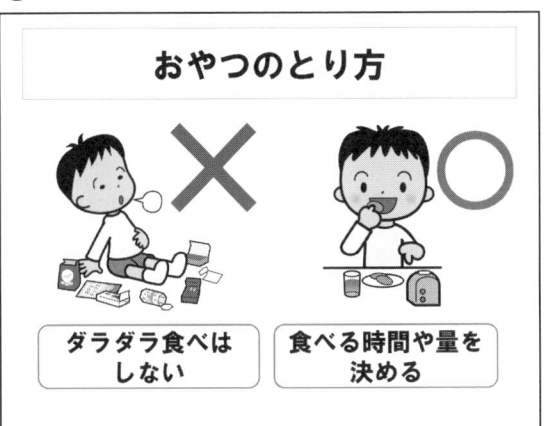

⑫

生活習慣病ってなに？（5・6年）
～シナリオ～

①みなさんは、生活習慣病という言葉を聞いたことがありますか？
　生活習慣病とは、毎日の良くない生活習慣が積み重なって起こる病気で、日本人の3分の2近くがこの病気で亡くなっています。
　生活習慣病は、大人がかかる病気で、小学生のみなさんには関係がないと思っていませんか。ところが、子どもの間でもこの生活習慣病が増加しています。今日は、生活習慣病について学習しましょう。

②生活習慣病とは、不規則な生活や、偏った食事、運動や睡眠時間の不足、ストレス、タバコやお酒などの健康に良くない生活習慣などが原因となって起こる病気です。

③生活習慣病の中でも、「がん」「脳卒中」「心臓病」は三大生活習慣病といわれています。
　がんは、人間の健康な細胞が突然変異してがん細胞になり、体を悪くする病気です。
　現在日本の死亡原因の1位となっています。
　脳卒中とは、脳の血管が詰まったり、脳の中で血管が破裂して出血したりする病気です。
　心臓病には、心筋梗塞などいろいろありますが、心臓の血液が詰まったり血管が細くなったりして起こる病気です。
　どの病気も命に関わる大変な病気です。

④ほかにも、血管に強い力がかかって血管を傷つけてしまう高血圧や、すい臓でつくられるインスリンというホルモンの働きが悪くなる糖尿病、むし歯や歯肉の病気、肥満などがあります。
　これらの病気は、すぐに症状が出ず、気がつかないうちにどんどん病気が進んでしまうことがあります。

⑤このような生活習慣病にかかった人の血管を見ると、血管に脂肪がたまって細くなり、血液の流れが悪く詰まりやすくなっています。
　さまざまな生活習慣が重なって起こる病気ですが、特に食生活が大きく影響します。

⑥みなさんの食生活はどうでしょうか。
　好きなものだけしか食べない、満腹になるまで食べてしまう、お菓子やファストフードばかり食べる、濃い味付けのものを好むなどの食生活を送っている人はいませんか？
　子どものころの好き嫌いや、味の好みは大人になっても続くことが多いため、子どものころの食習慣が一生の健康状態に影響するのです。
　では、どのような食生活が望ましいのか見ていきましょう。

⑦生活習慣病を防ぐには、好き嫌いをせずバランスのとれた食事をすることが大切です。
　ジュースやお菓子、ハンバーガーばかりを食べるのではなく、ご飯やパン、野菜やくだ

もの、肉や魚に卵、豆や海草、乳製品など、1日30食品を目標に、赤、黄、緑のバランスのとれた食事を心がけましょう。

⑧そして、意識してとりすぎを防ぎたい食品が砂糖、塩、油です。
ケーキや清涼飲料水、ポテトチップスやラーメン、チョコレートやから揚げなどみなさんが大好きでよく食べる食品に多く含まれています。

⑨また食べ物だけではなく、食べる時間や食べ方にも気をつけましょう。
朝昼夜と3食きちんと食べ、できるだけ寝る前は食べません。
また食べ物や作ってくださった方に感謝して、何でも好き嫌いなく食べることが、バランスの良い食事につながります。
そして、特に野菜をたっぷりと、しっかりよくかんで食べると食べ過ぎを防ぐことができます。

⑩また、みなさんにとって、楽しみであり、大切な栄養源でもあるおやつの選び方やとり方にも気をつけましょう。
ここにおやつの袋を用意しました。
むし歯になりやすいおやつはどれでしょうか。順に並べてみましょう。
そうですね。
とてもむし歯になりやすいおやつは赤、むし歯ができやすいおやつは黄、むし歯が少しできやすいおやつは緑、むし歯になりにくいおやつは青です。

⑪おやつの選び方だけでなく、とり方にも注意しましょう。
いつでも、好きな時間に好きなだけダラダラ食べるのではなく、食べる時間や量を決めて、袋や箱から直接食べたり、寝転がって食べたりせず、決められた場所で食べる量を取り分けてから食べましょう。

⑫今日のまとめです。
今日は、生活習慣病について、特に食生活との関わりを学習しましたね。
みなさんの体が健康ですくすくと成長するには、健康の歯車「栄養」「運動」「睡眠」がリズムよく回らなければなりません。
睡眠不足だと、しっかり運動できないし、食欲が湧かないように、どれか一つリズムが狂ってしまうだけで、みなさんの健康の歯車はうまく回らなくなります。
今、みなさんの健康の歯車は調子良く回っていますか。
一度身についた生活習慣をすぐに直すことは難しいです。
自分の健康を自分で守るために、規則正しい生活習慣を身につけてください。

「生活習慣病ってなに？」（5・6年）ワークシート

＿＿年＿＿組　名前＿＿＿＿＿＿＿＿＿＿＿＿＿＿＿

1　あてはまるものに○をつけましょう。

①自分の食生活について考えることができましたか？

[　　　できた　　　　だいたいできた　　　　できなかった　　]

②これからは健康に良い生活ができますか？

[　　　できる　　　　ときどきできる　　　　できない　　　　]

2　☐の中にあてはまる言葉を書きましょう。

①生活習慣病とは、食事や運動、睡眠、喫煙、飲酒などの健康によくない☐が原因となって起こる病気です。

②生活習慣病になった人の血管は、血液に☐がたまって細くなり、血液の流れが悪くつまりやすくなっています。

③生活習慣病を防ぐには、油、☐、塩のとり過ぎに気をつけましょう。

3　感想や質問を書きましょう。

「生活習慣病ってなに？」（5・6年）ワークシート解説

___ 年 ___ 組　名前 _____

1　あてはまるものに○をつけましょう。

①自分の食生活について考えることができましたか？　◀ 健康への関心

[　　　できた　　　　だいたいできた　　　　できなかった　　　]

②これからは健康に良い生活ができますか？　◀ 実践への意欲

[　　　できる　　　　ときどきできる　　　　できない　　　　　]

2　☐ の中にあてはまる言葉を書きましょう。　◀ 知識・理解

①生活習慣病とは、食事や運動、睡眠、喫煙、飲酒などの健康によくない

　| 生活習慣 | が原因となって起こる病気です。

②生活習慣病になった人の血管は、血液に | しぼう | がたまって細くなり、

　血液の流れが悪くつまりやすくなっています。

③生活習慣病を防ぐには、油、| 砂糖 |、塩のとり過ぎに気をつけましょう。

指導する際のポイント

　長寿国日本となった今、単なる長寿ではなく、生活習慣を改善し、健康寿命を延ばすことを目的とした取り組みが進められています。「三つ子の魂百まで」ということわざ通り、一度身についた生活習慣を改善することは困難なことです。児童期は生涯を見通した生活行動や健康づくりの基盤を形成する大変重要な時期であるという認識に立って、保健指導をしていきたいと思います。難解な疾患名も出てきますが、病態説明は簡略化し、生活行動に重点を置いて指導しています。

手あらい・うがいをしよう（1・2年）

※シナリオはP30～31をご参照ください

① 手あらい・うがいをしよう　小学校　1・2年　組

② かぜをひくとどうなる？

- せき
- くしゃみ
- のどのいたみ
- ねつが出る
- さむけがする

③ かぜをひくとどうなる？

- 頭がいたくなる
- 体がだるくなる
- はな水が出る　はながつまる
- おなかがいたくなる

④ なぜ、かぜをひくの？
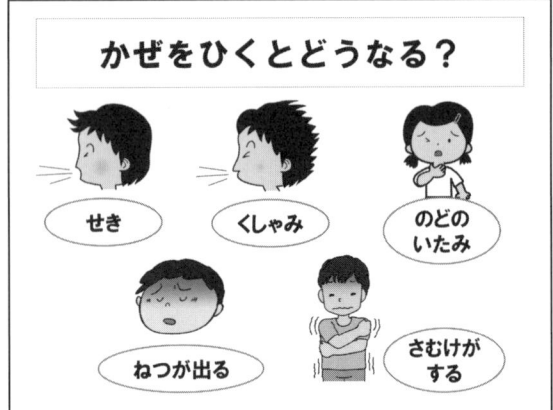
- びょうきのもとが体の中に入るから

⑤ どうして体の中に入るの？

- 口やはなからすいこむ

⑥ どうして体の中に入るの？

- ドアノブなどにふれる
- 手についたびょうきのもとが口やはなから

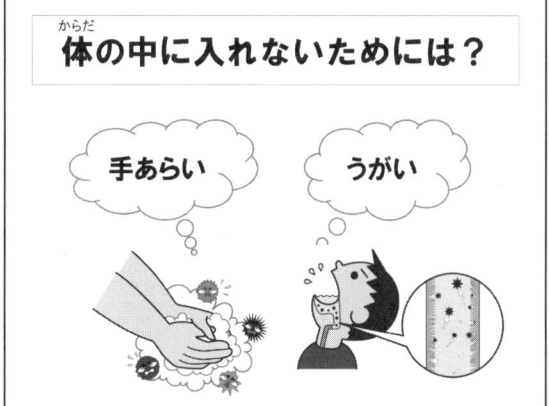
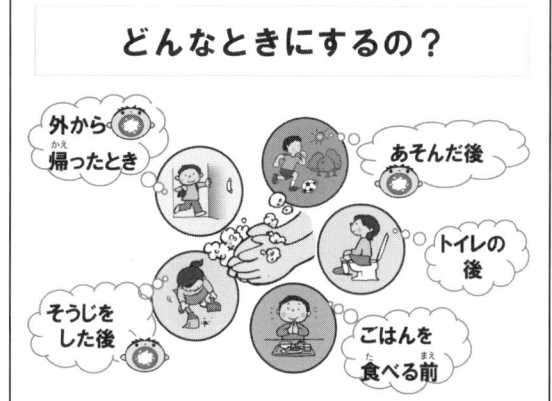
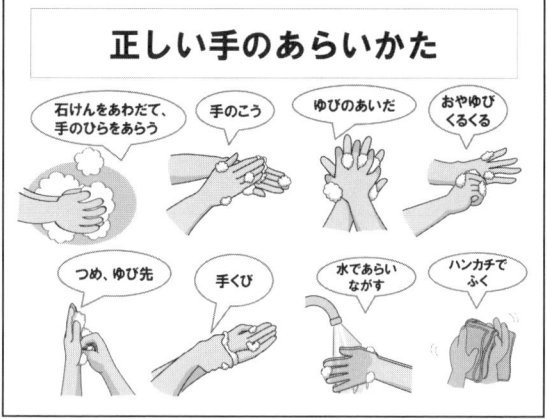
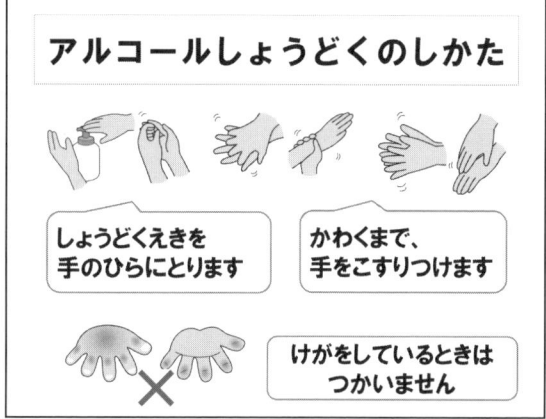
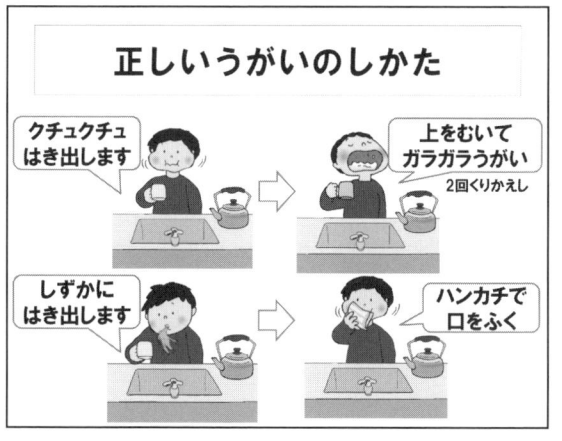

手あらい・うがいをしよう（１・２年）
～シナリオ～

①寒くなるとかぜをひきやすくなりますね。
　今日は、かぜをひかないで元気に過ごすための方法についてみんなで学習しましょう。

②みなさんはこれまでにかぜをひいたことがありますか。
　かぜをひくと、みなさんの体はどうなりますか？
　そうですね。
　かぜをひくと、咳（せき）やくしゃみがたくさん出ます。
　喉がはれていたくなったり、熱が出たりします。
　体がぶるぶる震えて、たくさん服を着ても寒くてたまりません。

③また、頭が痛くなったり、鼻水が出たり、鼻が詰まったりして、体もだるくなります。
　中には、おなかが痛くなる人もいます。
　かぜをひくと体中のあちこちで調子が悪くなってしまいます。

④では、なぜかぜをひくのでしょうか？
　私たちの周りには、私たちの体を病気にさせる「病気のもと」がたくさんあります。
　私たちは、知らないうちにその「病気のもと」を体の中に取り込んでしまい、かぜをひいてしまうのです。

⑤病気のもとはどのようにして体の中に入ってくるのでしょうか？
　１つは、口や鼻から病気のもとを吸い込むことで、体の中に入ってしまいます。

⑥もう１つは、ドアノブや机についている病気のもとを気づかずに触ってしまい、その手で自分の口や鼻に触ることで、体の中に入ってしまいます。

⑦体の中に病気のもとを入れないためには、どうしたらよいのでしょうか？
　それは、手洗いとうがいです。
　手についた病気のもとをしっかり洗い流しましょう。
　また、喉の奥についた病気のもとは、うがいで洗い流しましょう。

⑧外から帰ったとき、遊んだあと、トイレの後、ご飯を食べる前、そうじの後などには必ず手を洗いましょう。
　また、外から帰ったときや遊んだ後、掃除をした後などには、うがいもしましょう。

⑨それでは、みなさんと一緒に正しい手の洗い方を練習しましょう。
　まず、せっけんを泡立てて、手のひらをスリスリ洗います。
　次にカメさんみたいな手の甲を洗います。反対の手の甲も洗いましょう。
　両方の指を組んで、指の間を洗いましょう。
　親指を片方の手で握りくるくる回します。反対の親指も洗いましょう。
　手のひらに、指先を当てて、爪の中まで洗いましょう。反対の指先も洗いましょう。
　手首をぐるぐる回し洗いをします。反対の手首も洗いましょう。
　しっかりと水で洗い流します。
　洗ったあとは、清潔なハンカチで手をふきましょう。

⑩学校には、このようなポンプ式の消毒液も置いてありますね。
　水を使って手が洗えないようなときに使用します。
　使うときは、ポンプを下まで押して、消毒液を手のひらに取ります。
　みなさんと一緒に練習した正しい手の洗い方の順に従って消毒液を手にこすり付けます。
　消毒液はすぐに乾いてしまうので、急いでこすりつけましょう。
　消毒液が乾いて、手がサラサラになったら出来上がりです。
　ただし、手にけがをしている場合は、この消毒液を使ってはいけません。

⑪次は、正しいうがいの仕方です。
　まず、口の中に水を含み、強めに「クチュクチュ」として吐き出します。口に水を含み、上を向いて、喉の奥まで水が入るようにガラガラとうがいをします。
　もう一度ガラガラうがいをしましょう。流しに、静かに吐き出します。そのとき、周りにほかの人がいないか確かめましょう。
　うがいをした後は、清潔なハンカチで口の周りをふきましょう。

⑫最後に、かぜに負けないンジャーに登場してもらいましょう。
　イエロー・グリーン・ピンク・ブルー・レッドの5人のかぜに負けないンジャーは、学校でかぜが流行しないようにみなさんを応援してくれています。
　ピンクとブルーは今日勉強した手洗い・うがいでかぜをやっつけます。
　レッドは、咳が出ているときにマスクをして、かぜのもとをまき散らしません。
　イエローとグリーンはしっかり栄養をとりぐっすり眠ることでかぜに負けない体をつくります。
　「かぜに負けないンジャー」とみなさんとで、○○小学校でかぜがはやらないようにしていきましょう。

「手あらい・うがいをしよう」（1・2年）ワークシート

＿＿年＿＿組　名前＿＿＿＿＿＿＿＿＿＿＿＿＿＿＿＿

1　あてはまるものに○をつけましょう。

　①かぜのよぼうについてかんがえることができましたか？

　[　　　できた　　　　　だいたいできた　　　　できなかった　　]

　②これからは正しい手のあらい方やうがいのし方ができますか？

　[　　　できる　　　　　ときどきできる　　　　できない　　　　]

2　□の中にあてはまる言葉を書きましょう。

　①びょうきのもとは、口やはなからすいこんだり、□についたりして体の中へ入ってきます。

　②かぜをよぼうするには、クチュクチュうがいのあとに、□うがいをします。

　③かぜにまけないためには、しっかりえいようをとり、ぐっすりねること、手あらい・うがいをすること、せきが出ているときは□をつけることが大切です。

3　かんそうやしつもんを書きましょう。

［　　　　　　　　　　　　　　　　　　　　　　　　　　　　　　］

「手あらい・うがいをしよう」（1・2年）ワークシート解説

＿＿年＿＿組　名前＿＿＿＿＿＿＿＿＿＿＿＿

1　あてはまるものに○をつけましょう。

①かぜのよぼうについてかんがえることができましたか？　◀ 健康への関心

[　　　できた　　　　だいたいできた　　　　できなかった　　]

②これからは正しい手のあらい方やうがいのし方ができますか？　◀ 実践への意欲

[　　　できる　　　　ときどきできる　　　　できない　　]

2　☐の中にあてはまる言葉を書きましょう。　◀ 知識・理解

①びょうきのもとは、口やはなからすいこんだり、| 手 |についたりして体の中へ入ってきます。

②かぜをよぼうするには、クチュクチュうがいのあとに、| ガラガラ |うがいをします。

③かぜにまけないためには、しっかりえいようをとり、ぐっすりねること、手あらい・うがいをすること、せきが出ているときは| マスク |をつけることが大切です。

指導する際のポイント

　手洗い・うがいは、かぜに限らずさまざまな感染症予防の基本です。一度の保健指導で身につくものではないため、日常生活の中で繰り返し指導し、習慣化を図ります。たとえば、手洗い場にポスターを掲示したり、休み時間の終わりに「Happy Birthday」の曲や、手洗い関連商品を取り扱う企業の手洗いソングを流したりするのもよいかもしれません。また、市販のでんぷんのりを使った簡単な手洗い実験などは、目に見えない手の汚れが可視化でき、手洗いへの意欲を高めます。

せきエチケットってなに？（3・4年）

※シナリオはP36～37をご参照ください

①

②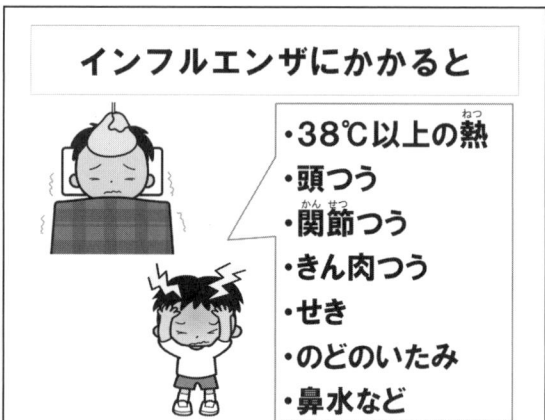

③

④

⑤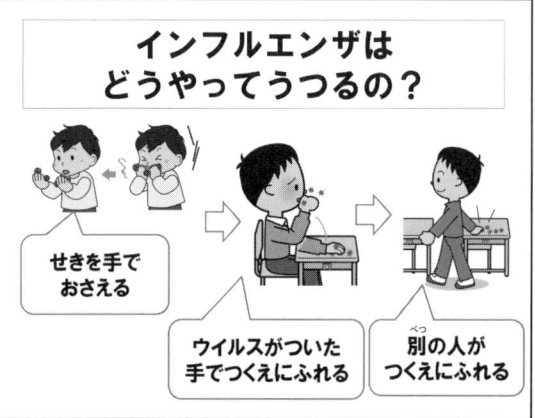

⑥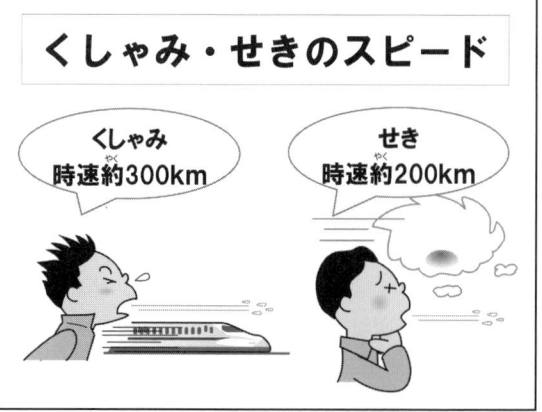

⑦ くしゃみ・せきの飛ぶきょり

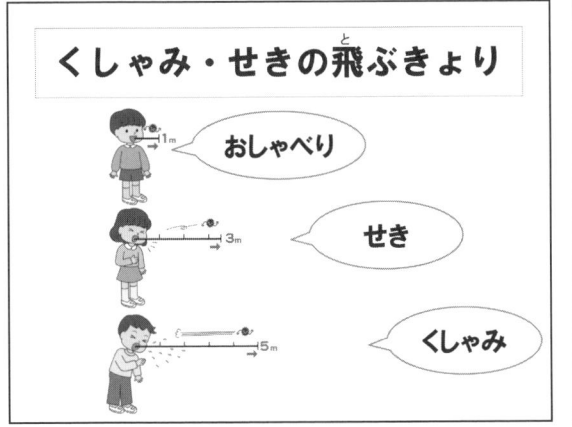

- おしゃべり 1m
- せき 3m
- くしゃみ 5m

⑧ せきが出そうになったら

- ハンカチやティッシュで口をおおう
- 服のそでで口をおおう

せきエチケット

⑨ せきが出た後は

せきエチケット

- 使ったティッシュはごみ箱へすてる
- 口をおおった手は洗う

⑩ マスクの働き

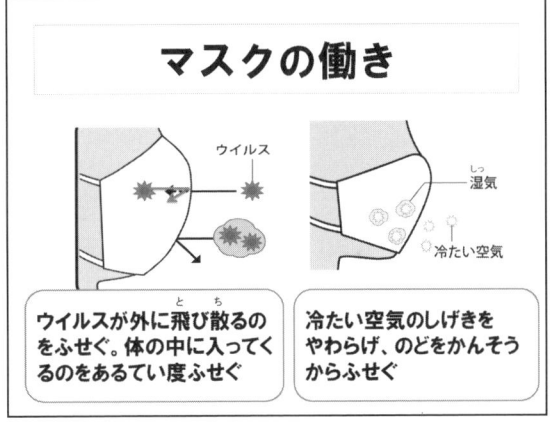

- ウイルスが外に飛び散るのをふせぐ。体の中に入ってくるのをあるてい度ふせぐ
- 冷たい空気のしげきをやわらげ、のどをかんそうからふせぐ

⑪ マスクのつけ方・外し方

⑫ インフルエンザを予防するには？

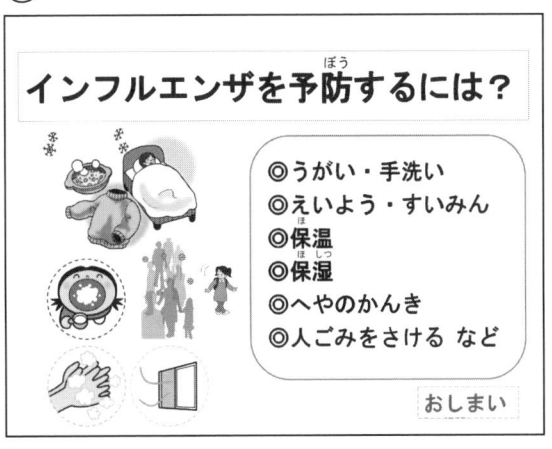

- ◎うがい・手洗い
- ◎えいよう・すいみん
- ◎保温
- ◎保湿
- ◎へやのかんき
- ◎人ごみをさける など

おしまい

せきエチケットってなに？（3・4年）
～シナリオ～

①かぜやインフルエンザが流行する季節になってきました。
　学校でも、授業中にコンコンと苦しそうに咳をする人やマスクをつけて登校する人が増えてきています。
　今日は、かぜやインフルエンザにかかったときのマナーについて学習しましょう。

②みなさんの中で、これまでにインフルエンザにかかったことのある人はいますか？
　たくさんいますね。
　では、インフルエンザにかかったとき、体にどんな症状が出ましたか？
　そうですね。
　38度以上の高い熱が出たり、頭が痛くなったり、体の関節や筋肉が痛くなったり、咳やのどの痛み、鼻水などの症状が現れたりします。
　普通のかぜと比べ、突然、高い熱が出て、体中に症状が出るのが特徴です。

③しかもインフルエンザは人にうつる力が非常に強いのです。
　たくさんの人が長い時間一緒に生活をする学校などでは、すぐにインフルエンザが広がってしまいます。
　そのため、体調が良くなっても、インフルエンザにかかった日から後5日、熱が下がってから後2日たつまでは登校しないように決まっています。

④では、インフルエンザはどのようにしてうつるのでしょうか？
　インフルエンザは、インフルエンザウイルスが私たちの体の中に入り込んでうつっていきます。
　その方法は2つあり、1つは、インフルエンザにかかった人の咳やくしゃみと一緒に飛び出したウイルスを、別の人が口や鼻から吸い込んでうつります。

⑤もう1つは、インフルエンザにかかった人が咳を手で押さえた後や、鼻水を手で拭ったあとに、机やドアノブなどに触れるとその場所にウイルスがついてしまいます。
　その場所を、別の人が手で触れ、さらにその手で口や鼻に触れることによってうつります。

⑥自分の力では止めることができない咳やくしゃみの中に、ウイルスがたくさんいて、別の人にうつしていきます。
　その咳やくしゃみの出る勢いをスピードで表すと、くしゃみは、時速約300km、新幹線と同じ速さです。
　また、咳は時速約200km、台風の風と同じ速さです。
　どのくらいすごい勢いなのかがよくわかりますね。

⑦さらに、くしゃみや咳は、遠くまでしぶきを飛ばすことができます。
　普通のおしゃべりでは1ｍ、咳では3ｍ、くしゃみでは、なんと5ｍもしぶきが飛び散ります。
　このようにして、インフルエンザウイルスが遠くまで運ばれるのです。

⑧では、咳やくしゃみが出そうになったらどうしたらよいのでしょうか。
　まずは、直接手で覆うのではなく、ハンカチやティッシュで口と鼻を覆いましょう。
　ハンカチやティッシュがない場合は、服の袖で口と鼻を覆いましょう。
　このように、自分の咳がほかの人にかからないように気をつけることを「せきエチケット」と言います。

⑨また、咳や鼻水を処理した後のティッシュは必ずごみ箱に捨て、手を洗いましょう。
　これもせきエチケットです。

⑩そして、咳が出ているときは、マスクをつけましょう。
　マスクは、インフルエンザにかかった人のウイルスが外に飛び散るのを防ぎます。
　ウイルスは、マスクの網目よりも小さいので、外から体の中に入ってきますが、ウイルスが唾液や鼻水に混じると粒が大きくなり、マスクの網目を通って入ってくることができなくなり、ある程度、体の中に入ってくるのを防ぐことができます。
　そして、吐く息がマスクの中にこもるので、喉や鼻の中に湿り気を与え、ウイルスの働きを低下させたり、冷たい空気の刺激を和らげたりします。

⑪しかし、マスクは正しくつけないと効果が薄れてしまいます。
　まず、マスクのワイヤーを鼻の形に合わせます。
　次にあごの下までマスクを広げ、ゴムは耳にしっかりかけます。
　鼻が出たり、あごの下にマスクをかけてはいけません。
　外すときはゴムを片方ずつ外し、捨てるときは、口についた方を中にして二つ折りにし、ほかの人が間違って触らないように捨てましょう。

⑫今日のまとめです。
　インフルエンザを予防するには、咳をほかの人にかけないようにハンカチやティッシュ、マスクで防ぐことが大切でしたね。
　ほかにも、手を洗う、うがいをする、しっかり食べて、休養する、暖かい衣類を着る、人混みを避けるなどによりインフルエンザを予防することができます。
　今日の学習を思い出しながら、インフルエンザにかからない、人にうつさない生活を実践してください。

「せきエチケットってなに？」（3・4年）ワークシート

___年 ___組　名前 _____

1　あてはまるものに○をつけましょう。

①せきエチケットについてかんがえることができましたか？

[　　　できた　　　　　だいたいできた　　　　できなかった　　]

②これからはせきが出たときに正しくたいしょができますか？

[　　　できる　　　　　ときどきできる　　　　できない　　　　]

2　☐の中にあてはまる言葉を書きましょう。

①インフルエンザにかかると、38度以上のねつや頭つう、☐☐☐☐、きん肉つう、のどのいたみ、はな水などのしょうじょうが出ます。

②せきが出そうになったら、ハンカチやティッシュ、ふくの☐☐☐☐で口と鼻をおおいます。

③☐☐☐☐は、ウイルスが飛び散ったり、入ってきたりするのをふせぎます。

3　感想やしつ問を書きましょう。

[　　　　　　　　　　　　　　　　　　　　　　　　　　　　　　]

「せきエチケットってなに？」（3・4年）ワークシート解説

＿＿年＿＿組　名前＿＿＿＿＿＿＿＿＿＿＿＿

1　あてはまるものに○をつけましょう。

①せきエチケットについてかんがえることができましたか？　◀ 健康への関心

[　　　できた　　　　だいたいできた　　　　できなかった　　]

②これからはせきが出たときに正しくたいしょができますか？　◀ 実践への意欲

[　　　できる　　　　ときどきできる　　　　できない　　　　]

2　☐の中にあてはまる言葉を書きましょう。　◀ 知識・理解

①インフルエンザにかかると、38度以上のねつや頭つう、 かんせつつう 、きん肉つう、のどのいたみ、はな水などのしょうじょうが出ます。

②せきが出そうになったら、ハンカチやティッシュ、ふくの そで で口と鼻をおおいます。

③ マスク は、ウイルスが飛び散ったり、入ってきたりするのをふせぎます。

指導する際のポイント

　米疾病対策センター（CDC）が、2004年から咳（せき）エチケットについて啓蒙を始めました。日本では、厚生労働省が2007年に「ひろげるなインフルエンザ、ひろげよう咳エチケット」という標語で初めて用い、インフルエンザ対策の一つとして位置付けています。特に2009年の新型インフルエンザ発生で言葉そのものはほぼ一般化されましたが、マスクをつければ咳エチケットという認識にとどまっているような気がします。手洗い・うがいと併せて児童の習慣化を図りたいと思います。

インフルエンザの予防（5・6年）

※シナリオはP42～43をご参照ください

① **インフルエンザの予防**
小学校　5・6年　　組

② **インフルエンザの原因はなに？**
インフルエンザウイルス
年によって、流行する形がちがう
同じシーズンに2回かかることもある

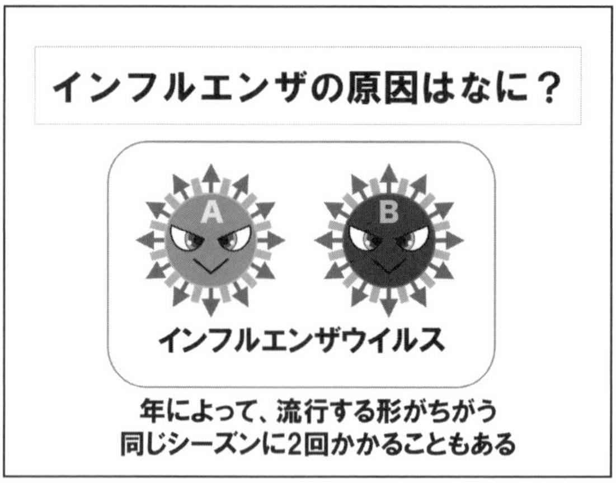

③ **インフルエンザにかかるのは？**
鳥から人への感染
新型インフルエンザの発生

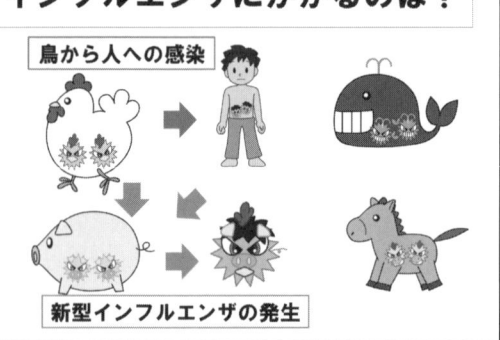

④ **インフルエンザのうつり方**
飛まつ感せん　　接しょく感せん

⑤ **なぜ、冬に流行するの？**
気温の低下
空気のかんそう
病原体を追い出す細かい毛　　働きがおとろえた細かい毛

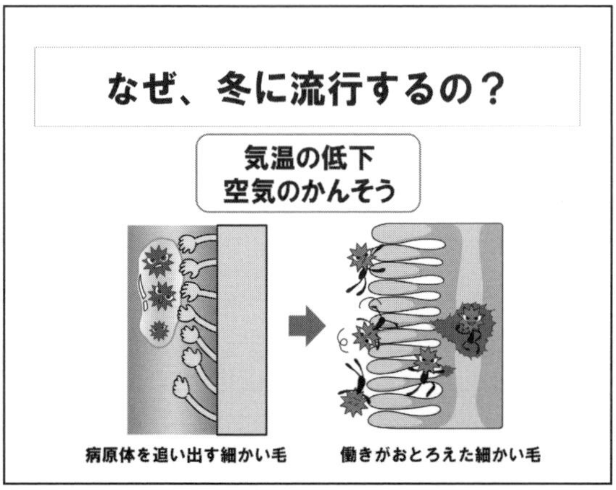

⑥ **かぜとインフルエンザのちがい**
インフルエンザ
かぜ
全身の症状が突然あらわれる

⑦ インフルエンザかなと思ったら？

注意が必要な人
- にん婦さん
- 子ども
- お年寄り
- ぜんそくなどの病気のある人

マスクをして病院へ行く
水分をとって、安静にする

⑧ 出席停止期間

インフルエンザにかかった日から後5日
熱が下がってから後2日たつまでは
登校できません

⑨ インフルエンザの予防には

【予防接種の効果】
◎インフルエンザにかかりにくい
◎かかっても重症になるのを防ぐ

予防接種の効果は約5か月
12月までに接種しよう

予防接種

⑩ インフルエンザの予防には

- 手洗いうがい
- 人混みをさける

⑪ 体のていこう力を高めるには

- 栄養
- 抵抗力
- すいみん

⑫ 健康観察で体調チェック

- 熱は？
- せきは？
- のどは？
- だるい？
- 頭痛は？
- 鼻水は？

おしまい

インフルエンザの予防 （5・6年）
～シナリオ～

①インフルエンザが流行する季節になってきました。
　これまでにインフルエンザにかかったことがある人はいますか？
　たくさんいますね。
　日本では毎年約1千万人、なんと約10人に1人がインフルエンザにかかっているそうです。
　今日は、多くの人がかかるインフルエンザの予防について学習しましょう。

②インフルエンザの原因は、インフルエンザウイルスです。
　インフルエンザウイルスは大きく分けると、A型、B型に分かれます。
　同じA型、B型でもさらに細かく分かれるため、年によって流行する形が違い、毎年感染する人もいます。
　また、A型に2回かかる、A型とB型にかかるなど、同じシーズンに2回もかかる人がいます。

③ところで、インフルエンザにかかるのは人間だけでしょうか。
　実は、人間以外にも鳥や豚、馬や、クジラなどもインフルエンザにかかります。
　人間のインフルエンザは人間だけに、鳥のインフルエンザは鳥だけに感染するのですが、近頃では、鳥のインフルエンザが鳥と濃厚接触する人にも感染することが報告されています。
　また、2009年には、人と鳥と豚の遺伝子を持つ、豚由来の新型インフルエンザが発生し、多くの人が感染しました。

④インフルエンザはどのようにしてうつるのでしょうか？
　1つは、飛沫感染といって、咳やくしゃみに含まれるウイルスを口や鼻から吸い込んでうつります。
　もう1つは、接触感染といって、ドアノブなどについたウイルスを触った手で、口や鼻に触れるとウイルスは体の中に入ってきます。

⑤なぜ、冬になるとインフルエンザが流行するのでしょうか。
　それは、寒くなると体の抵抗力が低下し、病気にかかりやすくなるからです。
　また、寒さや空気の乾燥によって、鼻や喉の表面に生えている細かい毛の働きが悪くなり、病原体を追い出す力が衰えるからです。

⑥ところで、同じように冬に流行するかぜとインフルエンザはどこが違うのでしょうか。
　普通のかぜの多くは、喉の痛み、鼻水、くしゃみや咳などが中心で、熱もあまり高くありません。
　しかし、インフルエンザは、普通のかぜと同じように、喉の痛み、鼻水、咳などの症状のほかに、38度以上の発熱、頭痛、関節痛、筋肉痛などの全身の症状が突然現れます。

⑦インフルエンザにかかったかなと思ったら、安静にして、水分を十分にとって、無理をせず休みましょう。
　また、周りの人にうつさないようにマスクをして、病院で診てもらいましょう。
　小さな子どもや、お年寄り、妊婦さん、ぜんそくなどの病気がある人は、症状が重くなりやすいので特に注意が必要です。

⑧また、熱が下がってもしばらくはウイルスはまだ出ています。
　一般的に、インフルエンザにかかると、症状が出る前の日から約1週間ウイルスが出るといわれています。
　体調がよくなっても、インフルエンザにかかった日から後5日、熱が下がってから後2日たつまでは登校しないようにしてください。

⑨インフルエンザを予防するには、流行前の予防接種が効果的です。
　予防接種をすると、インフルエンザにかかりにくくなり、もしかかっても症状が重くなるのを防いでくれます。
　しかし、予防接種の効果は約5か月なので、12月までに接種することをお勧めします。

⑩ほかにも、インフルエンザが流行する時期には人の多い場所への外出は避け、帰ったら手洗いうがいをしましょう。

⑪また、体の抵抗力を高めてウイルスに負けない体をつくるために、十分な休養とバランスのとれた栄養を心がけましょう。

⑫そして、朝の健康観察の時間には、自分自身で体調をチェックし、1日を元気に過ごすことができるか確認をしましょう。
　今日の学習のまとめです。インフルエンザは強い感染力を持つため、日頃の予防が大切です。
　もしかかったとしてもほかの人にうつさないように気をつけて、インフルエンザを流行させないようにしましょう。

「インフルエンザの予防」（5・6年）ワークシート

＿＿年＿＿組　名前＿＿＿＿＿＿＿＿＿＿＿＿＿

1　あてはまるものに○をつけましょう。

　①インフルエンザの予防について考えることができましたか？

　[　　　できた　　　だいたいできた　　　できなかった　　]

　②これからは朝の健康観察の時間に、自分の体調をチェックすることができますか？

　[　　　できる　　　ときどきできる　　　できない　　　　]

2　☐の中にあてはまる言葉を書きましょう。

　①インフルエンザは飛まつ感せんと、☐☐☐☐☐によってうつります。

　②インフルエンザは、気温が低下し、空気が☐☐☐☐☐する冬に流行します。

　③インフルエンザの予防には、手洗い・うがいをする、人混みをさける、☐☐☐☐☐を受けることなどがあります。

3　感想や質問を書きましょう。

「インフルエンザの予防」（5・6年）ワークシート解説

___ 年 ___ 組　名前 _____

1　あてはまるものに○をつけましょう。

①インフルエンザの予防について考えることができましたか？　◀健康への関心

[　　　できた　　　　だいたいできた　　　　できなかった　　　]

②これからは朝の健康観察の時間に、自分の体調をチェックすることができますか？　◀実践への意欲

[　　　できる　　　　ときどきできる　　　　できない　　　]

2　☐の中にあてはまる言葉を書きましょう。　◀知識・理解

①インフルエンザは飛まつ感せんと、 接しょく感せん によってうつります。

②インフルエンザは、気温が低下し、空気が かんそう する冬に流行します。

③インフルエンザの予防には、手洗い・うがいをする、人混みをさける、 予防接種 を受けることなどがあります。

指導する際のポイント

　2012年4月1日に学校保健安全法施行規則の一部改正があり、インフルエンザの出席停止の期間の基準が変更になりました。また、学校保健法等の改正（2009年）により、日常的な健康観察による児童の健康状態の把握について明記されています。養護教諭や保健主事を中心に保健管理を徹底していますが、高学年の児童には、自分の体は自分で守るという自己管理能力と、ほかの人にうつさないようにするという公衆衛生の基礎を身につけてほしいと思っています。

冬休みのすごしかた（1・2年）

※シナリオはP48〜49をご参照ください

① 
冬休みのすごしかた

小学校　1・2年　　組

②
冬休みは、夜おそくまで、テレビを見るんだ。

③
きそく正しい生活をしよう

生活リズムをととのえよう

はみがきで生活にめりはりを

④
冬休みは、一日中食べまくり。

⑤
食べすぎに気をつけよう

一日3食バランスよく

おやつは時間とりょうをきめて

⑥
外はさむいからあたたかいへやでごろごろします。

⑦

体をうごかそう

- お手つだいをしよう
- 冬のあそびを楽しもう

⑧

こたつで
うたたねだいすき、
うがい手あらい
めんどくさい。

⑨

かぜをひかないようにしよう

- まどをあけよう
- うがい・手あらい

⑩

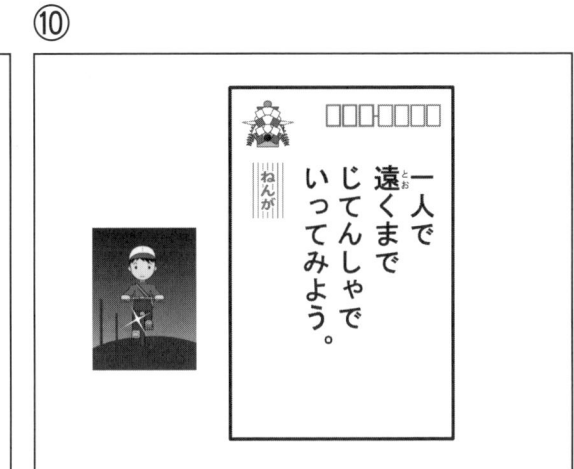

一人で
遠くまで
じてんしゃで
いってみよう。

⑪

けがやじこに気をつけよう

- 交通ルールをまもろう
- くらくなる前に帰ろう

⑫

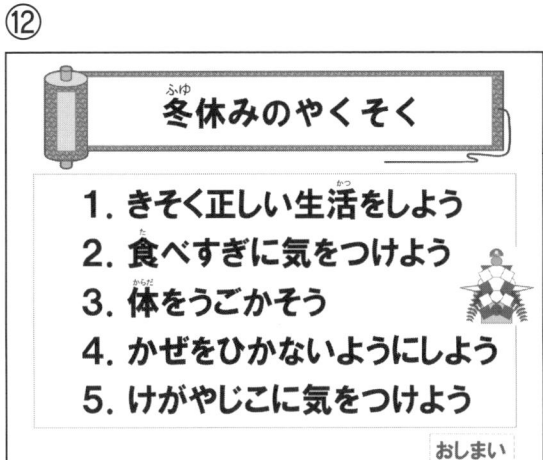

冬休みのやくそく

1. きそく正しい生活をしよう
2. 食べすぎに気をつけよう
3. 体をうごかそう
4. かぜをひかないようにしよう
5. けがやじこに気をつけよう

おしまい

冬休みのすごしかた（1・2年）
～シナリオ～

①もうすぐ冬休みですね。
　休み中にはクリスマスやお正月もあり、いろいろな行事に参加するのを楽しみにしている人もいます。
　ところが、冬休み中は、1年の締めくくりと新しい年の準備をするため、たくさんの人が慌ただしく生活をしています。
　油断していると思いがけない事故にあったり、けがや病気をしたりするかもしれません。
　先生は、みなさんの冬休みの生活がとても心配です。
　というのは、保健室に間違ってこんな年賀状が届いたからです。

②「冬休みは、夜遅くまで、テレビを見るんだ」
　こんな人がいるようですが、みなさんどう思いますか？

③年末年始は、いろいろなスペシャル番組が夜遅くまであります。
　学校が休みだからといって、夜遅くまで起きていて、お昼ごろまで寝ているという生活をしていると、体の調子が悪くなってしまいます。
　夜更かしせず、早く寝て早く起き、朝ご飯をしっかり食べて生活のリズムを整えましょう。
　また、食後に歯磨きをすると、むし歯予防だけでなく、生活にメリハリがつきます。

④また、年賀状が届きました。
「冬休みは、一日中食べまくり」
　こんな人がいるようですが、みなさんどう思いますか？

⑤クリスマスやお正月などが続き、ついつい食べ過ぎてしまいます。
　また、学校が休みだと、ご飯以外のおやつを食べることが多くなります。
　好きな時に好きなだけ、ダラダラお菓子を食べてしまうのではなく、一日3食、バランス良く、おやつは決められた時間に決められた量を食べましょう。

⑥また、年賀状が届きましたよ。
「外は寒いから、暖かい部屋でごろごろします。」
　こんな人がいるようですが、みなさんどう思いますか？

⑦休みの間、食べてばかりで、全く運動せず、家でごろごろしていると、体が重くなり過ぎてしまいます。
　余分な体重は、体を動かしにくくするだけでなく、病気やけがの原因にもなります。
　おつかいや大掃除などのお手伝い、たこ揚げ、羽根つき、こま回しなどお正月の遊びで、しっかりと体を動かしましょう。

⑧こんな年賀状も届きました。
　「こたつでうたたね大好き、うがい手洗いめんどくさい」
　こんな人がいるようですが、みなさんどう思いますか？

⑨かぜやインフルエンザが流行する時期になってきました。
　部屋を閉め切ったまま暖房をしていると、のどが痛くなったり、頭が痛くなったりします。
　１時間に１回は、窓を開けて空気を入れ替えましょう。
　また、冬休みは人混みに出かける機会も多くなります。外出するときはマスクをつけ、家に帰ったらうがい・手洗いをするようにしましょう。

⑩また届きましたよ。
　「一人で遠くまで、自転車で行ってみよう」
　こんな人がいるようですが、みなさんどう思いますか？

⑪小学生の事故の多くが交通事故といわれています。
　特に道路への飛び出しや、自転車での事故が多いそうです。
　自分の命を守るためにも、必ず交通ルールを守ってください。
　また、おうちの方にだまって、一人で遠くまで出かけたりせず、暗くなる前に家に帰りましょう。

⑫今日のまとめです。
　冬休みを健康で安全に過ごすための、５つの約束をみんなで言いましょう。
　１．規則正しい生活をしよう
　２．食べ過ぎに気をつけよう
　３．体を動かそう
　４．かぜをひかないようにしよう
　５．けがや事故に気をつけよう
　５つの約束をしっかり守って、楽しい冬休みを過ごしてください。

「冬休みのすごしかた」（1・2年）ワークシート

___年 ___組　名前 _____

1　あてはまるものに○をつけましょう。

①冬休みの生活について考えることができましたか？

[　　　できた　　　　だいたいできた　　　　できなかった　　　]

②冬休みのやくそくをまもることができますか？

[　　　できる　　　　ときどきできる　　　　できない　　　　]

2　☐の中にあてはまる言葉を書きましょう。

①冬休み中でも、早ね、早おきをして ☐ をしっかり食べましょう。

②かぜをひかないように、まどをあけて空気を入れかえ、

☐ をしましょう。

③交通じこにあわないように、交通ルールをまもり、

でかけるときは、☐ に話してから出かけましょう。

3　かんそうやしつもんを書きましょう。

☐

「冬休みのすごしかた」（1・2年）ワークシート解説

___年___組　名前_____

1　あてはまるものに○をつけましょう。

　①冬休みの生活について考えることができましたか？　◀健康への関心

　[　　　できた　　　　だいたいできた　　　　できなかった　　]

　②冬休みのやくそくをまもることができますか？　◀実践への意欲

　[　　　できる　　　　ときどきできる　　　　できない　　　　]

2　☐の中にあてはまる言葉を書きましょう。　◀知識・理解

　①冬休み中でも、早ね、早おきをして　**朝ごはん**　をしっかり食べましょう。

　②かぜをひかないように、まどをあけて空気を入れかえ、

　　うがい・手あらい　をしましょう。

　③交通じこにあわないように、交通ルールをまもり、

　　でかけるときは、**家の人**　に話してから出かけましょう。

指導する際のポイント

　保健便りに掲載する内容をあえて保健指導で取り上げてみました。文章にすると「○○に気をつけましょう」というキャッチフレーズで終わってしまうところを、パワーポイントの特性を生かしてbadモデルとgoodモデルで作成しました。保健指導の面白さは何と言ってもじかに返ってくる児童の反応です。特に低学年の児童は純粋な反応をしてくれます。まるでお笑いのネタを作るように、児童の顔を思い浮かべながら指導のオチを考える。それが保健指導にハマるゆえんです。

上手な冬の過ごし方（3・4年）

※シナリオはP54～55をご参照ください

① 上手な冬のすごし方

小学校3・4年　　組

② 室温は20度にしよう

ウオームビズ

③ 体温調節の働き

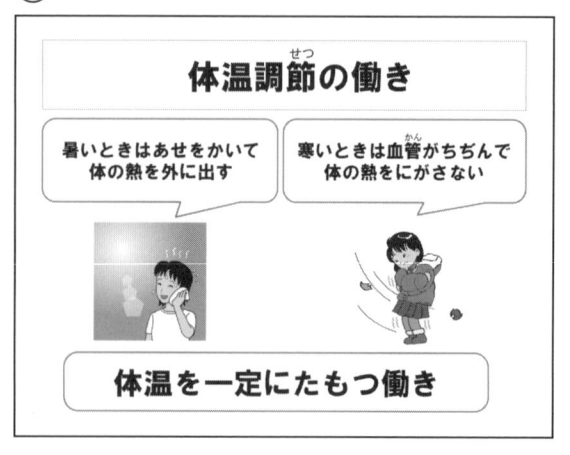

- 暑いときはあせをかいて体の熱を外に出す
- 寒いときは血管がちぢんで体の熱をにがさない

体温を一定にたもつ働き

④ だんぼう器具にたよらない3つの工夫

服そう　　食事　　運動

⑤ 下着をつけよう

温かい空気をためる
あせをすう

⑥ 上手に重ね着をしよう

⑦ 3つの首を温めよう

- 手首
- 首
- 足首

⑧ 温度に合わせて調節しよう

- 部屋の中も外も同じ服そう？
- あたたかい日は、上着で調節

⑨ 食生活を整えよう

- 3食バランスよく食べる
- 朝ごはんを食べる

⑩ 体の中から温めよう

体を温める野菜

⑪ 体を動かして温まろう

⑫ 冬休みのすごし方

1. きそく正しい生活をしよう
2. 食べすぎに気をつけよう
3. 体を動かそう
4. かぜをひかないようにしよう
5. けがやじこに気をつけよう

おしまい

上手な冬の過ごし方（3・4年）
～シナリオ～

①朝晩冷え込んで、ずいぶん寒くなってきました。
　休み時間に外で遊ぶ人が少なくなり、温められた教室の中で過ごす人が増えています。
　もうすぐ冬休みに入りますが、寒さに負けないで上手に冬を過ごす方法を今日は学習しましょう。

②冬の生活には、ストーブやエアコン、こたつなどの暖房器具が欠かせませんね。
　しかし、寒いからと言ってむやみやたらに暖房器具を使用するのではなく、地球の環境を守るため、節電のためになるべく暖房器具を使わない、使う場合は、室度を20度以下にしようという呼びかけが広まっています。
　これを、夏の「クールビズ」に対して、「ウオームビズ」といいます。

③しかし、私たちの体は、もともとエアコンなどに頼らなくても、夏の暑い日には汗をかいて体の熱を外に出し、冬の寒い日には血管が縮んで、体の熱を外に逃がさないようにしています。
　この体温調節の働きにより、周りの温度が変化しても私たちの体温はいつも一定に保たれているのです。
　ところが、暑いから、寒いからといってエアコンのきいた部屋でずっと過ごしていると、暑さや寒さを感じなくなってしまい、体温調節の機能が衰えていきます。
　すると、少しの温度の変化にも体は対応できなくなり、体の調子が悪くなってしまうのです。

④そこで、今日は、ストーブやエアコン、こたつなどの暖房器具にあまり頼らないで、服装や食べ物、運動などの工夫で、私たちの体が持つ体温調節機能をトレーニングしながら、冬を温かく過ごす方法を紹介したいと思います。

⑤まずは服装です。
　寒い日でも下着をつけず、じかに体操服などを着て、寒そうにしている人がいます。
　下着は、体温を逃さず、温かい空気をためる働きがあります。
　また、私たちは寒い冬でも汗をかきます。下着は、その汗を吸い取り、体が冷えるのを防いでくれます。
　下着はごわごわして着るのが嫌だという人もいますが、体の清潔、体温調節のためにも身につけましょう。

⑥次に着方です。
　それぞれ特徴のある素材を生かして、組み合わせて着るとより暖かく過ごせます。
　まず、汗を吸い体温を逃がさない下着や靴下を身につけ、次に少し厚手の服や、空気をためるセーターを着て、最後に風を通さない素材のジャンパーなどを着るようにしま

しょう。
さらに寒いときは手袋やマフラーを身につけます。

⑦特に首、手首、足首という３つの首には、太い血管が通っています。
この部分をマフラーや手袋、レッグウオーマーで温めると、血液が温められ、体全体がほかほか温かくなります。

⑧しかし、せっかく上手に重ね着をしても、部屋の中も外も同じ服装の人がいます。
体温調節のトレーニングができないばかりか、かぜをひく原因にもなります。
衣服は、部屋の温度やその日の気候、運動の内容などに合わせて選び、上着などで小まめに調節をしましょう。

⑨次は食事です。
食べたり食べなかったりするのではなく、３食きちんとバランス良く食べることが大切です。
特に朝ご飯は、脳や体を目覚めさせ、体温を上げ、体にエネルギーを届ける大事な食事です。

⑩みなさんが冬によく食べる料理は何ですか？
どれも体が温まる料理ですね。
特に、鍋料理やスープを食べると、体が芯から温まります。
そのほかにもかぼちゃ、ごぼう、しょうが、れんこん、にんにくなどは体を温める働きがあるので積極的に食べたい野菜です。

⑪最後に運動です。
寒い冬は、血管が縮んでいるため、血液の流れが悪く体が冷えています。
マラソンや縄跳びなどの運動をすると、足の血液の流れが良くなり、体が温まります。
歯磨きをしながら、足踏みをしたり、かかとの上げ下げをしたりするだけでも、体が温かくなってきます。

⑫今日は、上手な冬休みの過ごし方について学習しました。
もうすぐ冬休みが始まりますが、今日の学習を冬休みの生活の中でぜひ生かしてください。
そして、
１．規則正しい生活をしよう
２．食べ過ぎに気をつけよう
３．体を動かそう
４．かぜをひかないようにしよう
５．けがや事故に気を付けよう を守って健康、安全に過ごしてください。

「上手な冬の過ごし方」(3・4年) ワークシート

___年 ___組 名前 _____

1 あてはまるものに○をつけましょう。
　①冬を温かくすごす方法について考えることができましたか？
　[　　できた　　　だいたいできた　　　できなかった　　]
　②だんぼう器具にあまりたよらないで生活することができますか？
　[　　できる　　　ときどきできる　　　できない　　　]

2 ☐の中にあてはまる言葉を書きましょう。

　①☐の働きにより、周りの温度が変化しても体温は一定にたもたれます。

　②特に、首、手首、☐はマフラーや手ぶくろなどであたためましょう。

　③体を温める食べ物は、☐、ごぼう、しょうが、れんこんなどです。

3 感想やしつ問を書きましょう。

[　　　　　　　　　　　　　　　　　　　　　　　　　]

「上手な冬の過ごし方」（3・4年）ワークシート解説

___年___組　名前_____

1　あてはまるものに○をつけましょう。

①冬を温かくすごす方法について考えることができましたか？　◀健康への関心

[　　　できた　　　　だいたいできた　　　　できなかった　　　]

②だんぼう器具にあまりたよらないで

　生活することができますか？　◀実践への意欲

[　　　できる　　　　ときどきできる　　　　できない　　　　]

2　☐　の中にあてはまる言葉を書きましょう。　◀知識・理解

①　**体温調節**　の働きにより、周りの温度が変化しても体温は一定にたもたれます。

②特に、首、手首、**足首**　はマフラーや手ぶくろなどであたためましょう。

③体を温める食べ物は、**かぼちゃ**　、ごぼう、しょうが、れんこんなどです。

指導する際のポイント

　児童には、地球の温暖化や電力需給の問題など、健康・安全に関する社会の出来事にも興味関心を持ってほしいと思います。中央教育審議会答申（2012）では、子どもの発達段階に応じたキャリア教育の充実が提言されていますが、児童が健康な生活を送るために社会の一員としてできることを考える保健指導も、キャリア発達を促す教育の一つだと思っています。教育全体の中で保健指導を検討すると、養護教諭の自己満足に終わらない指導ができるのではないでしょうか。

冬のけがや病気に注意！（5・6年）

※シナリオは P60～61 をご参照ください

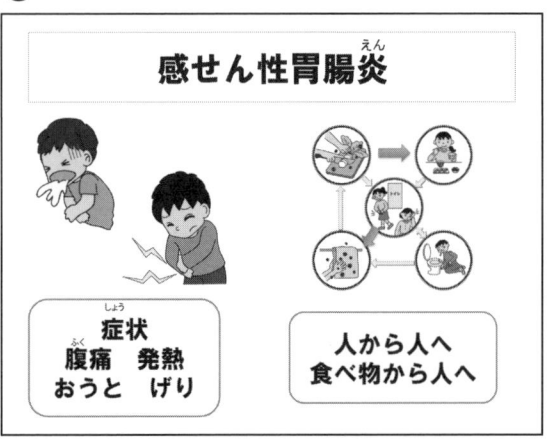

① 冬のけがや病気に注意！

小学校5・6年　　組

② やけど
- 通常のやけど
- 低温やけど

③ やけどの手当て
- すぐに水で冷やす（服の上から冷やす）
- 水ぶくれはつぶさない

④ のどつめ
- 一度にたくさん、いそいで飲みこむ
- のどにつめやすい食品

⑤ のどつめ予防
- 小さく切って食べる
- 正しい姿勢で食べる
- よくかんで食べる
- 飲み物といっしょに食べる

⑥ 感せん性胃腸炎
- 症状　腹痛　発熱　おうと　げり
- 人から人へ　食べ物から人へ

⑦ 感せん性胃腸炎の予防

- 正しい手洗い
- しっかり加熱 調理器具の衛生

⑧ べんぴ

- 水分をとる量が少なくなる
- 寒さでおしっこの回数が増える

⑨ べんぴの予防

- 温かい飲み物や野菜をとる
- 寒くても毎日トイレタイム

⑩ しもやけ

- 手や足が赤くはれる
- 手足の指などに赤いしっしんができる
- 暖かいときはかゆい
- 寒いときは痛い

⑪ しもやけの予防

- 手足を保護する
- マッサージをする
- ぬれたままにしない
- 体を温める食べ物

⑫ 冬休みの過ごし方

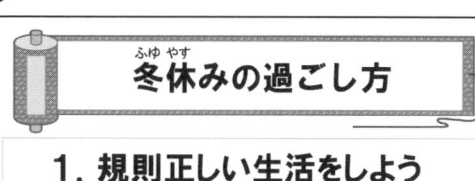

1. 規則正しい生活をしよう
2. 食べ過ぎに気をつけよう
3. 体を動かそう
4. かぜをひかないようにしよう
5. けがや事故に気をつけよう

おしまい

冬のけがや病気に注意！（小学校5・6年）
～シナリオ～

①もうすぐ冬休みが始まります。
　クリスマスやお正月などイベントが盛りだくさんで、今から冬休みが待ち遠しいという人もいるでしょう。
　しかし、大掃除や新年を迎える準備など、たいへん慌ただしい時期でもあり、けがや体調不良を起こす人もいます。
　そこで、今日は冬に多いけがの手当てや病気の予防について学習しましょう。

②まずはやけどについてです。
　やけどには、いくつかの種類があります。
　一つは熱いお湯が体にかかったり、ストーブなどの熱くなった器具などに触ったりして起こる通常のやけどです。
　もう一つは、使い捨てカイロを直接肌に当てたり、長時間同じ場所に当てっぱなしにしたり、寝るときに使用したりすると起こる低温やけどです。
　低温やけどは、体温よりも高い温度の物が長時間体に触れることにより起こります。
　皮膚の深いところまで傷ついている場合があり、見た目よりも重症です。

③やけどをすると、皮膚が赤くなり、ひりひりとした痛みがあります。
　また、ひどいやけどの場合には、水ぶくれができ焼けるような痛みを感じます。
　やけどの手当ては、すぐに水で冷やすことです。
　服の上からやけどをした場合は、そのまま、服を脱がずに冷やします。
　また、水ぶくれ（水疱）は、皮膚を保護する働きがあるのでつぶしません。

④次は喉の詰めについてです。
　お正月といえばお餅がつきものですが、一度にたくさん詰め込んだり、急いでのみ込んだりして喉に詰まらせるという事故が毎年起きています。
　また、おもちだけでなく、喉に詰まりやすい食べ物としてパンやおにぎりを含むご飯、あめ、カップ入りゼリーなどが挙げられています。

⑤喉詰めを予防するためには、のどに詰まりやすい食品に気をつけながら、小さく切ったものを、よくかんで食べましょう。
　また、歩きながら食べたり、ふざけながら食べたりせず、正しい姿勢で落ち着いて食べましょう。
　お茶や汁物などと一緒に食べるとのどに詰めにくいです。

⑥感染性胃腸炎とは、秋から冬にかけて流行する病気で、おなかが痛くなり、熱が出たり、下痢をしたり、吐いたりします。
　病原体がついた手で調理したものを食べたり、トイレや嘔吐した後に使用したタオルを

別の人が使ったりすることで、人から人へうつっていきます。

⑦感染性胃腸炎を予防するには、手洗いを徹底することです。
　特に食事の前やトイレのあとは、15秒以上、石けんを使って、爪や指の間、手首などをしっかり洗いましょう。
　また、食べ物は中まで十分熱を通して食べるようにしましょう。
　さらに、まな板や台ふきなどは、いつも清潔にするよう心がけましょう。

⑧次は便秘についてです。
　冬は、飲み物をとることが少ないのに寒さのため、おしっこの回数が逆に増えます。すると、便に含まれる水分が少なくなり、腸の中でこちこちになって、今までのようにするっと出てこなくなります。
　冬に便秘が多いのはこのためです。

⑨そこで、便秘を予防するためには、温かい飲み物や食物繊維たっぷりの野菜をとるようにしましょう。
　豚汁などの具だくさんの汁物や、野菜たっぷりの鍋がお勧めです。
　また、寒いからといってトイレに行くのを渋らず、毎日トイレタイムを作りましょう。

⑩最後にしもやけについてです。
　しもやけは血液の流れが悪くなって起こります。しもやけになると、手や足が赤くはれ上がったり、指に赤い湿疹ができたりして、ひどくなると水ぶくれになり皮膚がただれてきます。
　体質も関係するようですが、暖かいときはかゆく、寒いときはすごく痛いです。

⑪そこで、しもやけを予防するためには、手袋や厚手の靴下などで手足を冷やさないようにします。手足がぬれたときはすぐに拭きます。
　足も意外と汗をかくので、湿ったままにせずこまめに靴下を履き替えましょう。
　また、指をマッサージしたり、体を温める食品をとったりして血行を良くします。

⑫今日は、冬に起こりやすいけがや病気の予防について学習しました。
　最後に冬休みの過ごし方についてみなさんと一緒に確認しましょう。
　１．規則正しい生活をしよう
　２．食べ過ぎに気をつけよう
　３．体を動かそう
　４．かぜをひかないようにしよう
　５．けがや事故に気をつけよう
　しっかり守って健康で安全に過ごしてください。

「冬のけがや病気に注意！」（5・6年）ワークシート

___年___組　名前_____

1　あてはまるものに○をつけましょう。
　①冬に起こりやすい病気について考えることができましたか？
　[　　できた　　　だいたいできた　　　できなかった　　]
　②これからは冬に起こりやすいけがや病気を予防することができますか？
　[　　できる　　　ときどきできる　　　できない　　　　]

2　☐の中にあてはまる言葉を書きましょう。

　①やけどをしたら、すぐに ☐ で冷やしましょう。

　②感せん性胃腸炎を予防するには、正しい ☐ と食べ物の過熱、調理器具の衛生が大切です。

　③べんぴを予防するには、温かい食べ物や ☐ たっぷりの野菜をとるようにしましょう。

3　感想や質問を書きましょう。

☐

「冬のけがや病気に注意！」（5・6年）ワークシート解説

___年___組　名前_____

1　あてはまるものに○をつけましょう。

　①冬に起こりやすい病気について考えることができましたか？　◀健康への関心

　[　　　できた　　　　だいたいできた　　　　できなかった　　]

　②これからは冬に起こりやすいけがや病気を
　　予防することができますか？　◀実践への意欲

　[　　　できる　　　　ときどきできる　　　　できない　　　　]

2　□の中にあてはまる言葉を書きましょう。　◀知識・理解

　①やけどをしたら、すぐに　**水**　で冷やしましょう。

　②感せん性胃腸炎を予防するには、正しい　**手洗い**　と食べ物の過熱、調理器具の衛生が大切です。

　③べんぴを予防するには、温かい食べ物や　**食物せんい**　たっぷりの野菜をとるようにしましょう。

指導する際のポイント

　けがや病気については、5年生の体育科保健領域「けがの防止」、6年生の同じく「病気の予防」で学習します。保健指導では、保健学習であまり取り扱わないが、児童の生活の中で起こりやすいけがや病気を選び、解決の手立てを具体的に提示することで、実践化への意欲が高まるようにしています。また、地域や学校の実情に応じた事例を加えたり、日常の健康観察や保健室利用状況を事例として補足したりするとさらに具体的な指導ができると思います。

MEMO

2章

正しいブラッシングと歯の病気

は の王さまをきちんとみがこう（1・2年）

※シナリオはP68～69をご参照ください

① は の王さまを きちんとみがこう
小学校1・2年 組

② 子どもの は・おとなの は
あかちゃん　2～3さい　子どもの は　おとなの は

③ は の生えかわり
子どもの は　おとなの は

④ は の王さまのたん生
1～2年生　は の王さま　子どもの は

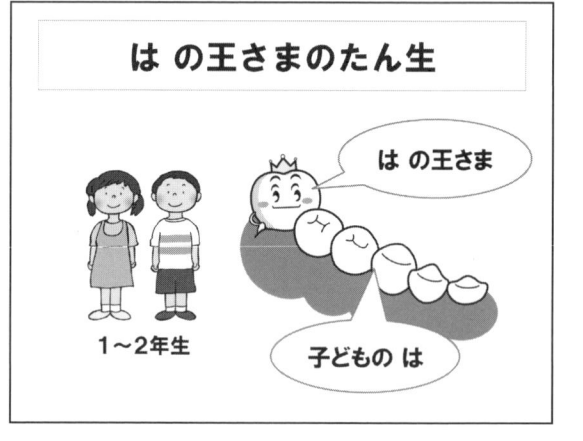

⑤ は の王さまは むしばになりやすい
みぞがいっぱい　せがひくい

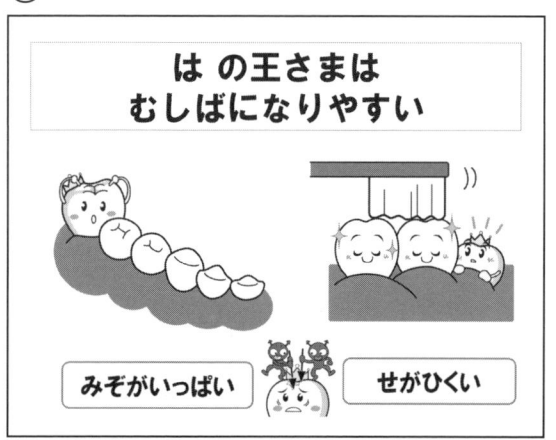

⑥ はぶらしのつかいかた
えんぴつにぎり　毛先が広がらないつよさ　わき　かかと　つま先　はぶらしのよび方

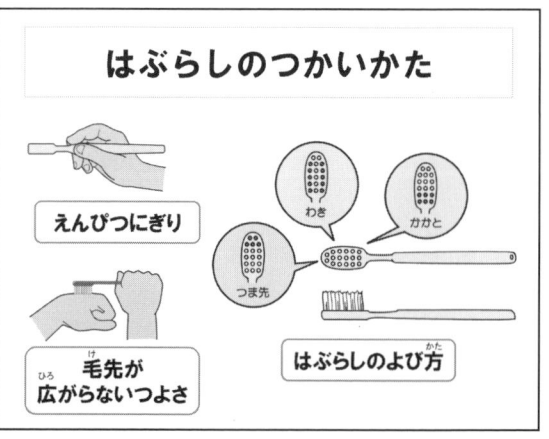

⑦ は の王さまのみがきかた（下の は）

①はぶらしで口を広げるようにして、よこから入れる
②はぶらしが は にとどいたら、「つま先」をこまかくうごかす

⑧ は の王さまのみがきかた（上の は）

①はぶらしの「え」で、ほおをひっぱるようにして、口を広げる
②はぶらしが は にとどいたら、「つま先」を細かくうごかす

⑨ まえばのみがきかた

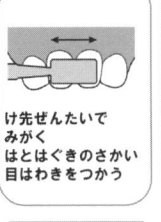

そとがわ：け先ぜんたいでみがく は とはぐきのさかい目はわきをつかう
よこがわ：つま先をつかう
うらがわ：つま先をつかう／かかとをつかう

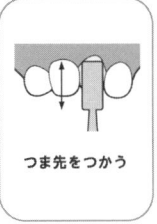

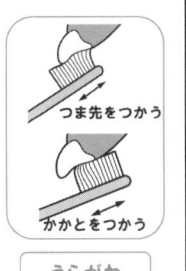

⑩ どうしてむしばになるの？

ミュータンスきん

⑪ むしばになりやすい食べものなど

むしばになりやすい　　むしばになりにくい

⑫ 食後はかならず は をみがきましょう

おしまい

は の王さまをきちんとみがこう（1・2年）
～シナリオ～

①みなさんは、「歯の王様」という言葉を聞いたことがありますか？
　みなさんの年齢になると、口の中に「6歳臼歯」と呼ばれる歯の王様が生えてきます。
　もう生えている人もいるだろうし、まだ生えていないという人もいるかもしれません。
　歯の王様は磨きにくく、むし歯になりやすい歯です。
　今日は上手な歯の磨き方を学習しましょう。

②生まれたばかりの赤ちゃんには、歯が生えていますか？
　そうですね、生まれたときには、歯はありません。
　でも少したつと、歯が生えてきます。とても小さくてかわいい子どもの歯です。
　2～3歳になると、20本の子どもの歯が生えそろいます。
　そして、子どもの歯の下には、次に生えてくる「大人の歯」が出番を待っています。
　「大人の歯」は一生使い続ける歯です。

③やがて、子どもの歯は、大人の歯に押し上げられて抜けていきます。
　子どもの歯が抜けた下には、しっかりとした大人の歯が生えてきます。

④しかし、小学校1・2年生ごろに生えてくる歯の王様は、子どもの歯から生え替わるのではなく、子どもの歯の後ろに新しく生えてくる大人の歯です。
　上に2本、下に2本、合計で4本生えます。
　奥に生えるので、気がつきにくいのですが、「王様」と言われるほど、強く立派な歯です。

⑤ところが、歯の王様は、生え始めは軟らかく、溝がたくさんあるため、むし歯になりやすく、ほかの歯と比べて背が低いので、いつも通りに歯ブラシを入れたのでは、届きません。

⑥そこで、歯ブラシを上手に使って歯の王様がむし歯にならないように磨きましょう。
　まずは、歯ブラシの持ち方です。グーではなく、鉛筆握りで持ちます。
　磨くときは、毛先が広がらないくらいの軽い力で小刻みに磨きます。
　歯ブラシは、場所によって「つま先」「わき」「かかと」と名前がついてます。
　歯の形や場所によって「つま先」「わき」「かかと」を使い分けます。

⑦歯の王様がむし歯にならないための正しい磨き方です。
　まずは、下の歯の王様の磨き方です。
　まず、歯ブラシで口を広げるようなイメージで、横から歯ブラシを入れます。あまり大きく開ける必要はありません。
　歯ブラシが歯に届いたら、「つま先」を細かく動かします。

⑧上の歯の王様は、歯ブラシの「柄」の部分で、ほおを引っ張るようにして、口を広げます。
歯ブラシが歯に届いたら、「つま先」を細かく動かします。

⑨歯の王様に続いて、1・2年生になると前歯も大人の歯が生えてきます。
前歯も正しく磨けるように歯ブラシの使い方を覚えましょう。
前歯の外側は、毛先全体で磨きますが、歯茎の境目の部分は「わき」を使います。
歯と歯の境目である前歯の横側は、歯ブラシを縦にし、「つま先」で磨きます。
前歯の裏側は、スプーンのような形をしているので、歯ブラシの「つま先」か「かかと」を使ってかき出すように磨きます。

⑩私たちの口の中には、「ミュータンス菌」というばい菌がいます。
ミュータンス菌は、口の中の食べかすを食べて「酸」を作ります。
この「酸」によって、歯の表面が溶け、むし歯になるのです。
食事やおやつを食べたあとに、きちんと歯磨きをしないと、ミュータンス菌が、たっぷりのえさを食べて、たっぷりの酸をつくり、歯をいっぱいむし歯にしてしまうのです。

⑪ミュータンス菌が大好きなむし歯になりやすい食べ物や飲み物があります。
それは、チョコレートやクッキー、キャラメル、炭酸飲料やスポーツドリンクなどです。
みなさんが好きなものばかりですね。
逆にむし歯になりにくい食べ物や飲み物は、せんべいやクラッカー、りんご、ピーナッツ、お茶などです。
みなさんが好きな食べ物なので、全く食べてはいけないというわけではありませんが、これらの食べ物を食べるときは、量を決めてだらだら食べ過ぎないようにすることが大切です。

⑫今日は、みなさんの歯の一番奥に生え始めている6歳臼歯という大人の歯、歯の王様について学習しました。
大人の歯は、一度むし歯になると元には戻りませんし、新しく生え替わることもありません。
食事やご飯の後は必ず歯磨きをして、むし歯にならないようにしましょう。

「は の王さまをきちんとみがこう」（1・2年）ワークシート

___年___組　名前_____

1　あてはまるものに〇をつけましょう。

　①は の王さまのみがきかたについて考えることができましたか？
　[　　　できた　　　　だいたいできた　　　　できなかった　　　]
　②これからは、は の王さまをていねいにみがくことができますか？
　[　　　できる　　　　ときどきできる　　　　できない　　　　　]

2　☐の中にあてはまる言葉を書きましょう。

　①1・2年生になって、一番おくに生えてくる は の王さまは、☐　　　のはです。

　②はみがきができないと、☐　　　になってしまいます。はぶらしは、ばしょによって、つまさき、わき、☐　　　というよび名がついています。

　③口の中には、ミュータンスきんというばいきんがさんをつくって、☐　　　になります。

3　かんそうやしつもんを書きましょう。

[　　　　　　　　　　　　　　　　　　　　　　　　　　　]

「は の王さまをきちんとみがこう」（1・2年）ワークシート解説

___年 ___組　名前_____

1　あてはまるものに○をつけましょう。

　①は の王さまのみがき方について考えることができましたか？ ◀ 健康への関心

　　[　　　できた　　　　だいたいできた　　　　できなかった　　]

　②これからは、は の王さまをていねいにみがくことができますか？ ◀ 実践への意欲

　　[　　　できる　　　　ときどきできる　　　　できない　　]

2　　□　の中にあてはまる言葉を書きましょう。 ◀ 知識・理解

　①1・2年生になって、一番おくに生えてくる は の王さまは、 おとな

　　の は です。

　②はみがきができないと、 むし歯 　になってしまいます。はぶらしは、

　　ばしょによって、つまさき、わき、 かかと 　というよび名がついています。

　③口の中には、ミュータンスきんというばいきんがさんをつくって、

　　 むし歯 　をつくります。

指導する際のポイント

　6歳臼歯は、最も大きく、最もかむ力が強い歯です。上下のかみ合わせの中心であり、ほかの永久歯が正しく生える基準であるため、そしゃくや歯並び、あごの発育に影響を及ぼします。また、6歳臼歯の後に生える前歯は、そしゃくのほか、発音にも影響する大切な歯です。児童に歯ブラシや手鏡を用意させ、正しい磨き方を体験させながら指導することをお勧めします。また、むし歯の起こり方やおやつについてのスライドも入っていますが、別の時間に分けて指導してもよいと思います。

よくかんで食べよう（3・4年）

※シナリオは P74～75 をご参照ください

① よくかんで食べよう
小学校3・4年　組

② 好きな食べ物はなんですか？

③ 昔と今の食事をくらべてみよう
- 弥生時代の食事
- 現代の食事

④ 昔と今のかむ回数（1回の食事）

弥生時代の食事	鎌倉時代の食事	現代の食事
3,990回	2,654回	620回
食事時間51分	食事時間29分	食事時間11分

少年写真新聞社「育てようかむ力」2004

⑤ あごの形の変化と歯ならび
- 鎌倉時代
- 現代
- あごの痛み
- 歯ならびのみだれ

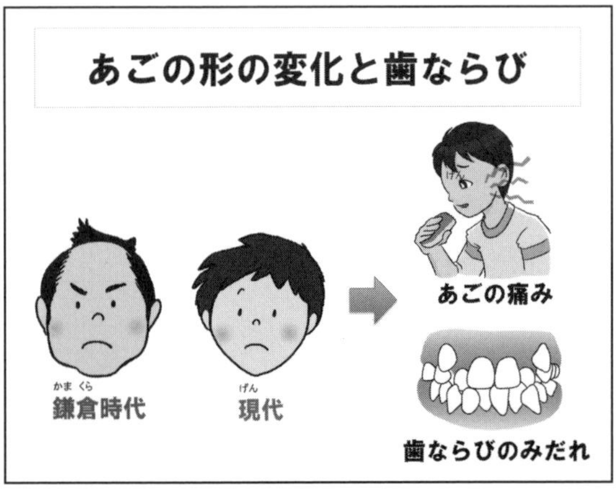

⑥ かむことの8大こうか
- ①ひまんを防ぐ
- ②味がよくわかる
- おなかいっぱい

⑦ かむことの8大こうか
- ③言葉の発音がはっきりする
- ④のうの働きを活発にする

⑧ かむことの8大こうか
- ⑤歯の病気の予防
- ⑥がんの予防

⑨ かむことの8大こうか
- ⑦胃腸の働きをよくする
- ⑧全身の体力アップ（全力投球）

⑩ ひみこのはがいーぜ
- 【ひ】ひ満予防
- 【み】味覚をよくする
- 【こ】言葉の発音がはっきり
- 【の】のうがよく働く
- 【は】歯の病気予防
- 【が】がんの予防
- 【い】胃腸の働きをよくする
- 【ぜ】全身の体力アップ（全力投球）

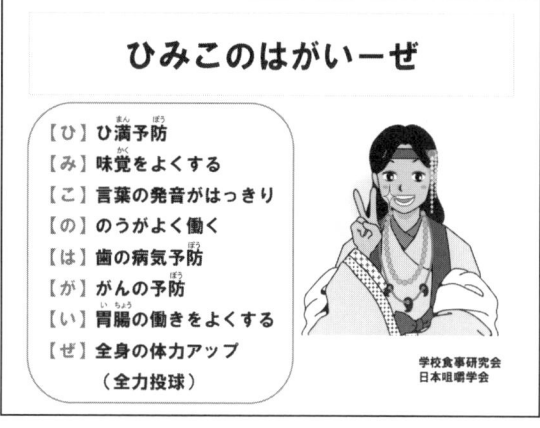

学校食事研究会
日本咀嚼学会

⑪ かみごたえのある食べ物

⑫ しっかりかんで健康に！

おしまい

よくかんで食べよう（３・４年）
～シナリオ～

①みなさんは、食事のとき、１口何回くらいかんで食べていますか？
10回くらい？ 20回くらい？ 30回くらい？
あまりかまない人もいるし、しっかりかんでいる人もいますね。
今日はかむことについて一緒に考えてみましょう。

②みなさんが好きな食べ物を教えてください。
たくさんの食べ物が出ましたが、スパゲティやうどん、ラーメン、グラタン、ハンバーガー、ポテトやカレー、ハンバーグなどは、軟らかいので、あまりかまずに食べられますね。

③ここで、昔と今の食べ物を比べてみましょう。
弥生時代の食事を見てください。
魚の干物やくるみ、くりなどかみごたえのある食べ物を、生や蒸したり、焼いたりして食べていました。強力なあごの力がないと食べられないメニューです。
さて、現代の食事はどうでしょうか？
ハンバーグやスパゲティ、プリンなどの軟らかい食べ物が多いようです。現代の食事はあまりかまなくても食べられるものがほとんどです。

④これは、昔と今のかむ回数や食事にかかる時間を比べたものです。
１回の食事でかむ回数は、弥生時代で3,990回、鎌倉時代で2,654回ですが、現代では、620回しかかんでいません。
弥生時代と比べると６分の１以下です。
さらに１回の食事にかかる時間を見てみると、弥生時代では51分、鎌倉時代は29分ですが、現代では、わずか11分です。
忙しい現代人は、軟らかい食べ物を、短時間で食べるため、かむ回数がどんどん少なくなってきています。

⑤そのため、あごの形も変化してきました。かむ回数が減ってきた現代人は、昔の人よりあごが細くなっています。
あごが細いために歯が入りきらず、歯並びが悪くなったり、かむ力が弱いために少しかむだけであごに痛みが出てきたりします。
かむことと健康は大いに関係があるのです。

⑥かむと良いことがたくさんあります。
１つ目は、かむことで、脳にある満腹中枢が刺激されて、「おなかがいっぱい」と感じ、食べ過ぎを防ぎ、肥満防止になります。
２つ目は、食べ物本来の味がよくわかり、薄味でもおいしく感じるようになります。

⑦3つ目は、口の周りの筋肉が鍛えられ、言葉の発音がはっきりします。
　また、顔の表情も豊かになります。
　4つ目は、脳の血行が良くなり、脳の働きを活発にします。

⑧5つ目は、かむことで唾液がたくさん出るため、口の中の汚れを洗い流しむし歯を予防します。
　6つ目は、唾液に含まれる発がん性物質を消す働きが活発になります。

⑨7つ目は、唾液の働きで、胃や腸での消化吸収を高めます。
　8つ目は、しっかりかむと踏ん張る力がつき、全力投球などもでき、全身の体力がアップします。

⑩このようにかむことでたくさんの効果があります。
　この8つの頭文字をとると「ひみこのはがいーぜ」という言葉になります。
　ぜひ覚えてくださいね。

⑪よくかんで食べるためには、硬いものや繊維質のもの、弾力があってかみ切りにくいものなど、かみごたえのある食べ物を意識して食べるようにしましょう。
　たくあん、にんじん、キャベツ、アーモンド、イカなどは、とてもかみごたえがありますね。
　ただし、食べ過ぎると、あごにも胃にも負担がかかるので注意してください。

⑫今日はかむことの大切さについて学習しました。
　食事のときは今日の学習を思い出して、1口ずつゆっくりかんで、素材の味を感じながら食べましょう。
　また、1口30回くらいかんで、のみ込んでから次の1口を入れるようにしましょう。
　かむことで自分の健康を守ることができます。

「よくかんで食べよう」（3・4年）ワークシート

___年 ___組 名前 _____

1 あてはまるものに○をつけましょう。

①かむことについて考えることができましたか？

[　　　できた　　　　だいたいできた　　　　できなかった　　]

②これからはしっかりかんで食べることができますか？

[　　　できる　　　　ときどきできる　　　　できない　　　　]

2 ☐の中にあてはまる言葉を書きましょう。

①かむ回数が少ないと、あごの形が変化し、☐も悪くなります。

②かむことの8つのこうかの頭文字をとると、☐という言葉になります。

③食事は1口、☐回くらいかんで食べましょう。

3 感想やしつ問を書きましょう。

☐

「よくかんで食べよう」(3・4年) ワークシート解説

___ 年 ___ 組　名前 _____

1　あてはまるものに○をつけましょう。

①かむことについて考えることができましたか？　◀健康への関心

[　　　できた　　　　だいたいできた　　　　できなかった　　　]

②これからはしっかりかんで食べることができますか？　◀実践への意欲

[　　　できる　　　　ときどきできる　　　　できない　　　　　]

2　☐ の中にあてはまる言葉を書きましょう。　◀知識・理解

①かむ回数が少ないと、あごの形が変化し、　**歯ならび**　も悪くなります。

②かむことの8つのこうかの頭文字をとると、　**ひみこのはがいーぜ**　という言葉になります。

③食事は1口、　**30**　回くらいかんで食べましょう。

指導する際のポイント

　食育という視点からも指導できる内容であるため、食に関する新しい情報を豊富に収集している栄養教諭等との連携をお勧めします。また、学校給食を「生きた食材」として活用し、「かみかみデー」を設けるなど、保健指導と実践が一体となった計画的、組織的な取り組みを提案します。指導内容がシンプルで、理解しやすく、給食時間などで指導の効果を見ることもできますが、指導がイベント的になる恐れもあり、継続的な指導が必要であると思います。

歯肉の病気とけが（5・6年）

※シナリオはP80〜81をご参照ください

① 歯肉の病気と歯のけが
小学校5・6年　組

② 歯肉炎・歯周炎とは
健康　／　歯肉炎　／　歯周炎

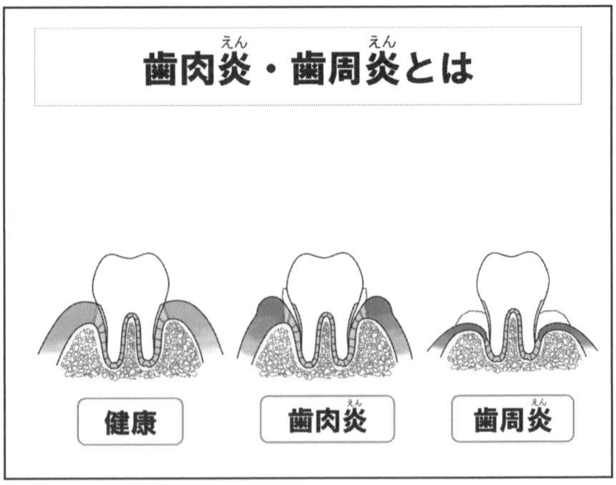

③ 歯肉炎の原因は歯こう
- 歯こう1mg中に10億の細菌
- むし歯の原因 ミュータンスきん
- 歯肉炎の原因 10種類の細きん

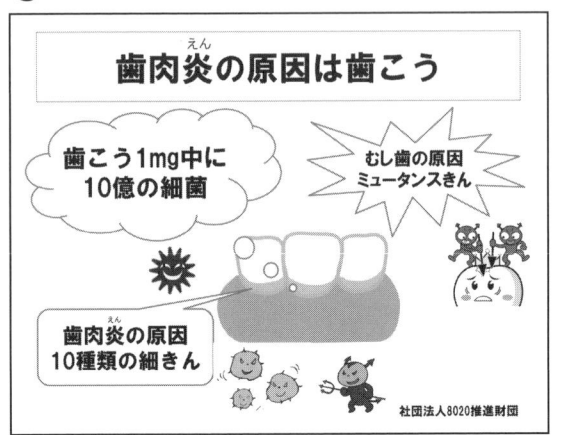

社団法人8020推進財団

④ 歯肉のチェック

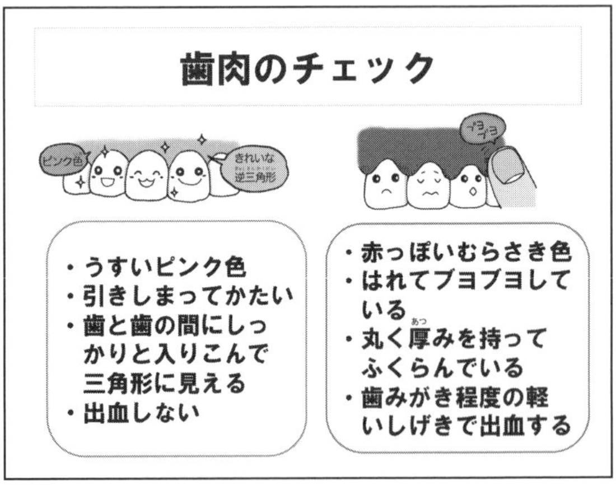

（健康な歯肉）
- うすいピンク色
- 引きしまってかたい
- 歯と歯の間にしっかりと入りこんで三角形に見える
- 出血しない

（歯肉炎の歯肉）
- 赤っぽいむらさき色
- はれてブヨブヨしている
- 丸く厚みを持ってふくらんでいる
- 歯みがき程度の軽いしげきで出血する

⑤ 歯肉炎の改善は"歯みがき"
- 歯の表側・裏側
- おく歯のかみ合う面
- 前歯の裏側

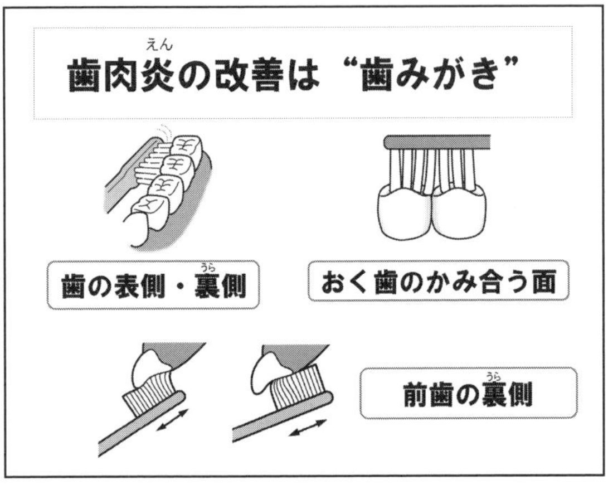

⑥ みがき残しが多いところ
- 歯と歯肉の境目
- おく歯の後ろ・かみ合わせ
- 歯と歯の間
- 前歯の裏側

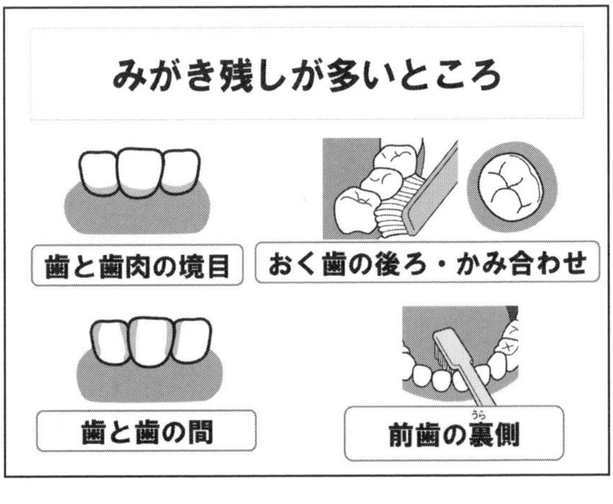

⑦ 歯肉炎と生活習慣

- 食習慣の乱れ
- 生活習慣の乱れ
- ストレス

⑧ 歯をけがしたら

- 歯が欠けた
- 歯がぬけた

⑨ 口の中を軽くゆすぐ

やさしくうがいをしましょう

⑩ 出血しているときは

ガーゼなどで止血する

⑪ 歯がぬけたら

- × 根元は持たない
- 保存液へ入れる
- 保存液がない場合は牛乳に入れる

⑫ じょうぶな歯と歯肉で8020

おしまい

歯肉の病気とけが（5・6年）
～シナリオ～

①今日は、歯肉の病気と歯のけがについて学習しましょう。
　歯科検診のとき、歯医者さんが「0」「1」「2」などと暗号のような言葉を記録の先生に伝えていたのを覚えていますか？
　歯科検診はむし歯を発見するだけではなく、みなさんの歯並びやがく関節の状態、歯こうや歯肉の状態も検査しています。
　特に、小学校高学年から歯肉炎という歯肉の異常が多く見られるようになります。
　今日は、みなさんにも影響のある「歯肉炎」について学習しましょう。

②「歯肉炎」とは、歯肉（歯ぐき）に炎症が起こることをいいます。
　「歯肉がむずがゆい」、「口の中がねばねばする」、「歯磨きをすると血が出る」などの症状が見られることもありますが、ほとんどが無症状のため、気がつかない間に、炎症が進行します。
　やがて、歯を支えている骨が壊され、歯がぐらぐらになり抜けてしまう場合もあり、これを歯周炎といいます。

③歯肉炎や歯周炎を起こす原因は、歯こうです。
　わずか1mgの歯こうの中には10億もの細菌がすみついていて、歯肉炎の原因菌が現在10種類発見されています。

④自分の歯肉の状態をチェックしてみましょう。
　健康な歯肉の色は、薄いピンク色ですが、歯肉炎のある場合は、赤っぽい紫色です。また、健康な歯肉が、引き締まっているのに対して、歯肉炎のある場合は、腫れてぶよぶよしています。
　健康な歯肉は、歯と歯の間にしっかり入り込んで、三角形に見えますが、歯肉炎のある場合は、丸く厚みを持って膨らんでいます。
　健康な歯肉は出血しませんが、歯肉炎の場合は、歯磨き程度の軽い刺激でも出血しやすくなります。

⑤歯肉炎の改善は歯磨きでできます。みなさんは、正しく歯を磨けていますか？　正しい歯の磨き方を覚えましょう。
　歯の表側と裏側は、歯と歯肉の間の溝に歯ブラシを入れるつもりで、毛先を歯の面に対して斜めに当てます。毛先はあまり動かさずに、歯ブラシの「柄」の部分を小刻みに動かしましょう。
　奥歯のかみ合わせは、かみ合う面に歯ブラシを当てて動かします。
　前歯の裏側は、歯ブラシを縦にして、歯ブラシのつま先か、かかとの部分を歯と歯肉の間に当てます。

⑥特に、磨き残しが多い、歯と歯肉の境目、歯と歯の間、奥歯の後ろやかみ合わせ、前歯の裏側などはていねいに磨きましょう。

⑦また、歯肉炎は、歯磨きだけでなく、食生活や生活習慣とも深く関係しています。糖分の多い甘いお菓子や、清涼飲料、軟らかい食べ物などは、歯こうを増やします。
　生活習慣が乱れると、歯磨きがおろそかになります。
　さらに、ストレスをため込むと、心身の調子が悪くなり、睡眠や食事などに影響し、口の中の衛生状態が悪くなります。また、免疫力も低下するので、歯肉炎を引き起こしてしまうことがあります。それを防ぐために、食事、運動、睡眠という規則正しい生活習慣をつくり、「少し疲れたな」と思ったら、休養する時間を作って、ストレスをため込まないようにしましょう。

⑧次に、歯をけがしたときの応急手当てについて学習しましょう。
　学校の階段を走っていて転んで歯が欠けた、ぞうきんがけをしていてつまずいて歯が抜けたという事故がときどき起ります。
　歯のけがをしたらすぐに先生やおうちの方に伝えてほしいのですが、いざというとき、自分でできる応急手当てを覚えておくことも大切です。

⑨歯をけがしたら、まず、けがをした場所や歯の状態を確認します。
　次に、口の中に水を含んで軽くうがいをしましょう。
　口の中に入った砂や土などを取り除き、清潔にするためです。

⑩もし口の中で出血していたら、清潔なガーゼを口に入れて、けがをした場所を押さえて血を止めます。ガーゼがなかったら、ハンカチを使いましょう。このようなときのために、ハンカチは毎日取り替えて、清潔なものをポケットに入れておくようにしましょう。
　その後、先生や家の人に知らせましょう。

⑪歯が抜けたら、歯の根元を持たずに拾います。汚れていても、水で軽く洗い流す程度にしましょう。専用の保存液に入れて歯医者さんへ持っていきます。保存液がない場合は、牛乳に入れて持っていく方法もあります。
　正確な処置を早い段階ですれば、元の状態に戻すこともできます。

⑫みなさんは、「8020運動」を知っていますか？
　80歳になっても自分の歯を20本以上保とうという運動です。
　20本以上の自分の歯があれば、ほとんどの食べ物をかみ砕くことができ、おいしく食べられるといわれています。
　歯の病気やけがで大事な歯が失われないように、子どものころから歯や歯肉の健康づくりに努めましょう。

「歯肉の病気とけが」（5・6年）ワークシート

＿＿年＿＿組　名前＿＿＿＿＿＿＿＿＿＿＿＿＿＿

1　あてはまるものに○をつけましょう。
　①歯肉の病気や歯のけがについて考えることができましたか？
　[　　　できた　　　　だいたいできた　　　　できなかった　　　]
　②これからは、歯肉の病気の予防や歯のけがの対しょができますか？
　[　　　できる　　　　ときどきできる　　　　できない　　　　　]

2　☐の中にあてはまる言葉を書きましょう。

　①歯肉炎になる最大の原因は ☐ です。

　②歯がぬけたら、水で軽く洗い流し、保存液がないときは、☐ に入れて歯医者さんへ持っていきます。

　③80さいになっても自分の歯を20本以上保とうという
　　運動を ☐ といいます。

3　感想や質問を書きましょう。

┌─────────────────────────────┐
│   │
│   │
│   │
│   │
└─────────────────────────────┘

「歯肉の病気とけが」（5・6年）ワークシート解説

＿＿年＿＿組　名前＿＿＿＿＿＿＿＿＿＿＿＿

1 あてはまるものに○をつけましょう。

①歯肉の病気や歯のけがについて考えることができましたか？　◀健康への関心

[　　できた　　　だいたいできた　　　できなかった　　]

②これからは、歯肉の病気の予防や歯のけがの

　対しょができますか？　◀実践への意欲

[　　できる　　　ときどきできる　　　できない　　　]

2 ☐の中にあてはまる言葉を書きましょう。　◀知識・理解

①歯肉炎になる最大の原因は　**歯こう**　です。

②歯がぬけたら、水で軽く洗い流し、保存液がないときは、**牛乳**　に入れて歯医者さんへ持っていきます。

③80さいになっても自分の歯を20本以上保とうという

　運動を　**8020運動**　といいます。

指導する際のポイント

学校保健統計調査によると、歯垢の付着や歯肉の異常がある児童は学年が上がるにつれ増加し、高学年から中学校にかけて急増しています。歯肉炎予防には、パワーポイント教材に加え、歯や歯ブラシの模型を用いた歯磨きの実演がより効果的であると思います。また、日本スポーツ振興センターの障害見舞金給付件数の中では、歯・口のけがが最も多く、全体の約3割を占めています。小学生は、転倒による前歯の「亜脱臼」や「脱臼」、「歯牙破折」が多いようです。

MEMO

3章

性教育

あかちゃんのお話（1・2年）

※シナリオはP88～89をご参照ください

① あかちゃんのお話
小学校 1・2年　組

② あかちゃんはどこから
- もものなかから？
- こうのとりがはこんでくるの？
- おかあさんのおなかです。

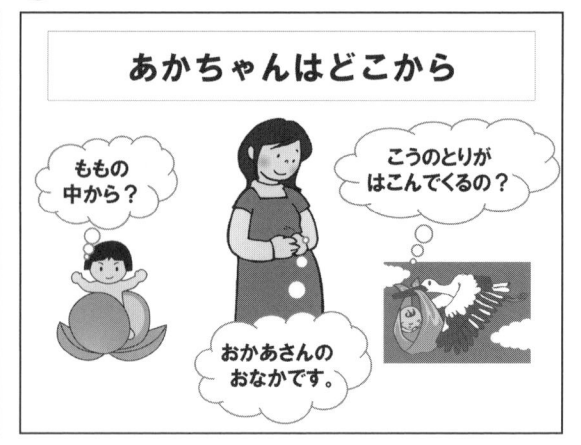

③ おなかの中の小さな赤ちゃん
- 心ぞうがうごいているよ
- 水かきみたいな手

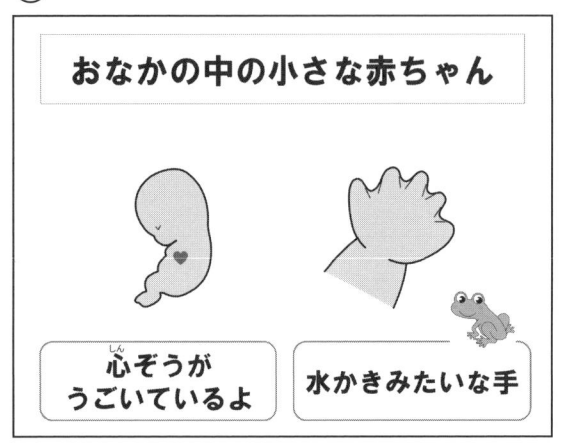

④ おなかの中で大きくなあれ
- へそのおからえいようをもらいます
- お水の中でうかんでいます

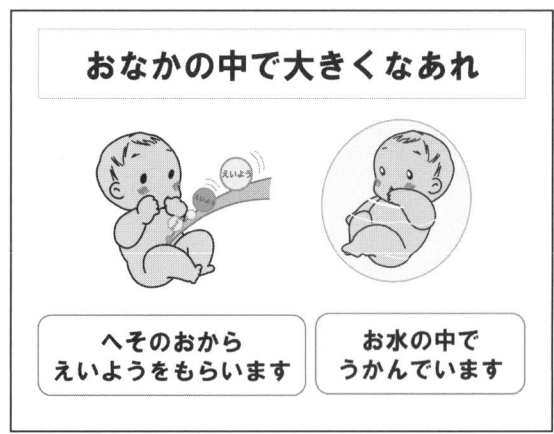

⑤ こんなこともするよ
- あくび
- しゃっくり
- ゆびしゃぶり

⑥ こんなこともできるよ
- ちゅうがえり
- 音がきこえる
- おしっこ

⑦ おなかにいるとき

早く会いたいな

⑧ あかちゃんが生まれた

やった！
かわいい
おめでとう

⑨ あかちゃんのころ

⑩ 大きくそだつために

⑪ たくさんの人にまもられて

みんな大事な子です

⑫ みんな大切ないのち

おしまい

あかちゃんのお話（1・2年）
～シナリオ～

①「お母さんに赤ちゃんができたの」と保健室で○○さんがうれしそうに話してくれました。
　赤ちゃんってとってもかわいいですね。
　みなさんもずっと前は赤ちゃんでした。
　今日は赤ちゃんについて学習しましょう。

②赤ちゃんはどこからくるのでしょうか。
　桃から生まれるのでしょうか？
　コウノトリが運んでくるのでしょうか？
　いえいえ、違いますよね。
　赤ちゃんはお母さんのおなかの中から生まれます。
　でも、おなかの中で赤ちゃんは何をしているんでしょうか？
　ちょっとのぞいてみましょう。

③おなかの中で育ち始めたばかりの小さな赤ちゃんです。
　とてもとても小さくて、ゼムクリップくらいの大きさです。
　人間の赤ちゃんというよりは、魚のようにも見えます。
　手には水かきみたいなものがついています。
　でも、しっかりと心臓は動いていますよ。

④おなかの中で赤ちゃんはどんどん大きくなります。
　でも不思議ですね。
　赤ちゃんはどうやってご飯を食べるのでしょうか。
　お母さんとへその緒というものでつながっていて、そこから栄養をもらっています。
　また、赤ちゃんの特別な部屋は温かいお水で守られていて、
　赤ちゃんは、気持ちよくぷかぷか浮かんでいます。

⑤ときどき、おなかの中で赤ちゃんはこんなことをしています。
　何をしているかわかりますか？
　これは、あくびをしているところです。
　これは、しゃっくりをしているところです。
　これは指しゃぶりをしているところです。
　赤ちゃんっておなかの中でいろいろなことができるんですね。

⑥こんなこともできますよ。
　これはなにをしているところでしょう。
　そう、宙返りをしています。まるで宇宙飛行士みたいですね。
　これは、音を聞いているところです。

大好きなお母さんの声やお気に入りの音楽を聴いて大喜びしています。
また、これは何をしているところでしょう。
実は、おしっこをしているのです。
おなかの赤ちゃんはおしっこをする練習も始めているのですね。

⑦赤ちゃんがおなかの中にいる時、お母さんやお父さん、家族のみんなは、赤ちゃんが生まれるのをとても楽しみにしています。
お母さんは、赤ちゃんが丈夫に育つように、栄養のある食べ物を食べたり、体を動かしたりします。
お父さんや家族は、名前を考えたり、おしめや服を用意したり、おなかの大きなお母さんを助けたりしながら、赤ちゃんの誕生を待っています。

⑧そして、いよいよ赤ちゃんの誕生です。
お父さんやお母さんはもちろん、家族のみんなが大喜びです。
「やった！よく生まれてきてくれたね！」「かわいい！」「おめでとう！」たくさんのお祝いの言葉をもらって赤ちゃんは生まれてきます。

⑨でも、生まれたばかりの赤ちゃんは寝てばかりです。
一人でご飯を食べることができるかな？
一人でおしっこに行けるかな？
できませんね。
誰かがお世話をしないと、赤ちゃん一人では何もできません。

⑩赤ちゃんが大きく育つためには、ミルクやおっぱいを飲ませたり、ご飯を食べさせたり、おしめを替えたり、お風呂に入れたりしなければなりません。
どこへ行くにもおうちの人と一緒です。

⑪みなさんは、生まれる前からも、そして、生まれてきてからも、家族はもちろんたくさんの人に守られて大きくなってきました。一人ひとり、みんな大事な子なのです。
そして、どの子もたくさんの人の願いを持って生まれ、育てられてきた、大切な命を持っているのです。

⑫ところが、ときどき少し残念なことがあります。
ルールを守らず、危ないことをしてけがをしたり、お友達とけんかをしてけがをさせてしまったりすることがあります。
それは、命を大切にしているといえるでしょうか。
たくさんの人に守られている自分の命、そして、お友達の命を大切に、みんなで仲良く生活してくださいね。

「あかちゃんのお話」（1・2年）ワークシート

＿＿年＿＿組　名前＿＿＿＿＿＿＿＿＿＿＿＿＿＿

1　あてはまるものに○をつけましょう。

　①おなかの中のあかちゃんのようすについて考えることができましたか？

　[　　　できた　　　　だいたいできた　　　　できなかった　　　]

　②これからは、自分やともだちのいのちを大切に生活することができますか？

　[　　　できる　　　　ときどきできる　　　　できない　　　　　]

2　□の中にあてはまる言葉を書きましょう。

　①あかちゃんは、□□□□□のおなかの中でそだちます。

　②おなかの中のあかちゃんは、おかあさんの□□□□□からえいようをもらいます。

　③あかちゃんは、ひとりでは何もできないので、みんなから□□□をしてもらい、大きくなります。

3　かんそうやしつもんを書きましょう。

「あかちゃんのお話」(1・2年) ワークシート解説

＿＿年＿＿組　名前＿＿＿＿＿＿＿＿＿＿＿＿＿＿＿

1　あてはまるものに○をつけましょう。

　①おなかの中のあかちゃんのようすについて

　　考えることができましたか？　◀健康への関心

　[　　　できた　　　だいたいできた　　　できなかった　　]

　②これからは、自分やともだちのいのちを大切に生活することが

　　できますか？　◀実践への意欲

　[　　　できる　　　ときどきできる　　　できない　　　　]

2　☐の中にあてはまる言葉を書きましょう。　◀知識・理解

　①あかちゃんは、**おかあさん** のおなかの中でそだちます。

　②おなかの中のあかちゃんは、おかあさんの **へそのお** からえいよう

　　をもらいます。

　③あかちゃんは、ひとりでは何もできないので、みんなから **せわ** をし

　　てもらい、大きくなります。

指導する際のポイント

　生活科の内容「自分自身の成長を振り返り、多くの人々の支えにより自分が大きくなったこと、自分でできるようになったこと、役割が増えたことなどがわかり、これまでの生活や成長を支えてくれた人々に感謝の気持ちを持つとともに、これからの成長への願いを持って、意欲的に生活することができるようにする」に関連し、誕生前の振り返りの手掛かりとなる保健指導です。指導に当たっては、児童の家庭の事情などに十分配慮しながら実施してください。

おなかの中へタイムスリップ（3・4年）

※シナリオは P94～95 をご参照ください

①

おなかの中へタイムスリップ

小学校3・4年　　組

② 2か月目のお母さん

かぜかしら？
体がだるいわ
むねがムカムカ
食よくがないわ

③ 2か月目の赤ちゃん

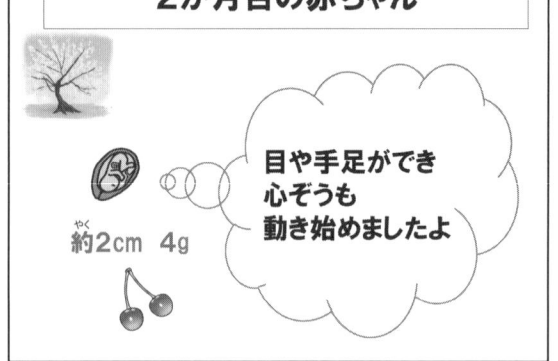

約2cm　4g

目や手足ができ
心ぞうも
動き始めましたよ

④ 4か月目のお母さん

少しおなかが
大きくなったわ
転ばないよう
注意しましょう

⑤ 4か月目の赤ちゃん

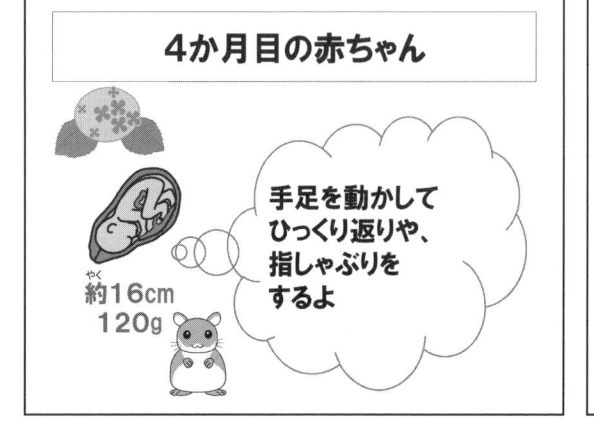

約16cm　120g

手足を動かして
ひっくり返りや、
指しゃぶりを
するよ

⑥ 6か月目のお母さん

あれっ？
今おなかの中で
動いたよ！
食事も運動も
気をつけよう

⑦ **6か月目の赤ちゃん**
約32cm 700g
おしっこをしたり、まぶたを開けたりするよ
いろいろな音もよく聞こえるよ

⑧ **8か月目のお母さん**
大きなおなかで胃やこし、足などつかれやすくなってきました

⑨ **8か月目の赤ちゃん**
約42cm 1800g
しぼうがついて丸くなったよ
頭を下にして生まれるじゅんびを始めるよ

⑩ **10か月目のお母さん**
おなかがいたくなってきたわ
いよいよ赤ちゃんが生まれるのね

⑪ **10か月目の赤ちゃん**
約50cm 3100g
かみの毛もつめも生えているよ
こきゅうやおっぱいをすうじゅんびができているよ

⑫ **あなたの誕生です！**
お母さんの守りはぐくむ力
自分の生きる力
おしまい

おなかの中へタイムスリップ（3・4年）
～シナリオ～

①みなさんは、自分が小さいころの様子や出来事を覚えていますか？
　では、もっと昔、お母さんのおなかの中にいたころの様子はどうでしょうか？
　今日は、みなさんとお母さんのおなかの中へタイムスリップして、自分が生まれる前の様子について学習しましょう。
　ただし、おなかの中にいるときの大きさやお母さんの様子は人によって違います。

②桜の咲く春の日、お母さんは、なんとなく熱っぽいな、体がだるいな、かぜかしらと思います。
　朝起きると、食べ過ぎでもないのに胸がむかむかして吐きそうにもなります。
　病院へ行くと、お医者さんが、おなかに赤ちゃんがいることを教えてくれました。お母さんはうれしくて、とても幸せな気持ちになりました。

③そのころおなかの中では、とても小さな赤ちゃんが育ち始めました。
　最初は、魚のような形をしていましたが、少しずつ頭と胴がはっきりして、人間らしい姿になっていきます。
　大きさは、約2cm、体重は4g、さくらんぼくらいの大きさです。
　こんなに小さいのに、目や手、足もでき、心臓も動き始めます。

④梅雨に入りました。
　お母さんのおなかの膨らみは外から見てもわかるようになり、今まで着ていた服がきつくなります。
　気分も良くなり、食欲も出てきます。
　おなかに赤ちゃんがいるとむし歯になりやすいので、歯科検診を受けてむし歯の治療をしたり、転ばないように、かかとの低い靴を履いたりしました。

⑤4か月目の赤ちゃんです。
　大きさは約16cm、重さは120g、ゴールデンハムスターくらいの大きさです。
　脳が急速に発達します。
　内臓もほとんど作られ、骨や筋肉も発達し、赤ちゃんを包んでいる水、「羊水」の中で活発に手足を動かしたり、ひっくり返ったり、指をしゃぶったりします。

⑥夏になりました。
　このころになるとお母さんは、おなかの中で赤ちゃんが動くのを感じるようになります。
　まだピクピクッとした動きですが、お母さんはとてもうれしくて、赤ちゃんに話しかけます。
　また、バランスのとれた食事や運動で、体重が増えすぎたり、便秘になったりしないように気をつけています。
　赤ちゃんが男の子か女の子か見分けることもできるそうです。

⑦6か月目の赤ちゃんです。
　大きさは約32cm、重さは700g、漫画の雑誌くらいの大きさです。
　羊水を飲んで、おしっこを出す練習を始めています。まつげやまゆ毛も生え、まぶたを開けたり閉じたりします。耳も発達し、いろいろな音も聞こえています。しゃっくりをすることもあるんですよ。

⑧秋になりました。
　お母さんのおなかはずいぶん大きくなり、疲れやすくなっています。重いおなかを抱えているため、足がむくんだり、腰が痛くなったりしてきます。
　上を向いて寝るのも苦しくて、寝不足気味ですが、おなかの赤ちゃんが活発に動くので、早く会いたいなと思っています。赤ちゃんの名前を考えたり、服やおしめなどの準備を始めます。

⑨8か月目の赤ちゃんです。
　大きさは約42cm、重さは1800g、小型うさぎくらいの大きさです。
　皮下脂肪がついて、体が丸くなり、肌はピンク色です。
　脳がほぼ完成され、いろいろなことを覚えたり、感じたり、運動したりする力ができてきます。おなかの中にいても強い光やお母さんの声、音楽に反応します。
　このころになると、ほとんどの赤ちゃんが頭を下にし、生まれる準備に入ります。

⑩年末の慌ただしい時期になりました。
　お母さんのおなかはさらに大きくなりますが、赤ちゃんが、お母さんの骨盤の中まで下がってくるので胸や胃は楽になります。
　お産が近づくと、おなかが、ぐん、ぐん、ぐんと張って、固くなり、少し痛くなります。生まれる日が近づいている証拠です。お母さんは少し不安ですが、赤ちゃんに会うのを楽しみに、病院へ行く準備をして待っているのです。

⑪10か月目の赤ちゃんです。
　大きさは約50cm、重さは3100g、チワワくらいの大きさです。髪の毛も爪も生えています。生まれてから、肺で呼吸し、おっぱいが吸えるように口の筋肉が発達しています。
　病気に対する抵抗力や体温調節の機能も完成しました。
　そして、すべての準備が整うと、赤ちゃん自身がお母さんに出産の始まりを知らせるのです。

⑫誕生のときが来ました。おめでとう、あなたの誕生です。
　お母さんに守り育てられながらも、あなたは、あなた自身の生きる力を持って生まれてきました。
　おなかの中での長い日々は、あなたがあなたらしく生まれるための大切な時間でしたね。
　今日の学習を心に留めて、あなたの尊い命を大切に、毎日を過ごしてください。

「おなかの中へタイムスリップ」（3・4年）ワークシート

＿＿年＿＿組　名前＿＿＿＿＿＿＿＿＿＿＿＿＿＿＿

1　あてはまるものに○をつけましょう。

①おなかの中の赤ちゃんの成長について考えることができましたか？

[　　　できた　　　　　だいたいできた　　　　できなかった　　]

②これからは、命を大切にしながら生活することができますか？

[　　　できる　　　　　ときどきできる　　　　できない　　　　]

2　□の中にあてはまる言葉を書きましょう。

①赤ちゃんは、2か月になると、目や手足ができ、□が動き始めます。

②6か月目の赤ちゃんは、□が聞こえるようになります。

③生まれてくるときには、かみの毛やつめも生えていて、□をしたり、おっぱいを吸ったりする準備ができています。

3　感想やしつ問を書きましょう。

「おなかの中へタイムスリップ」（3・4年）ワークシート解説

＿＿年＿＿組　名前＿＿＿＿＿＿＿＿＿＿＿＿

1　あてはまるものに○をつけましょう。

　①おなかの中の赤ちゃんの成長について考えることが

　　できましたか？　◀健康への関心

　[　　　　できた　　　　だいたいできた　　　　できなかった　　　]

　②これからは、命を大切にしながら生活することができますか？　◀実践への意欲

　[　　　　できる　　　　ときどきできる　　　　できない　　　]

2　☐の中にあてはまる言葉を書きましょう。　◀知識・理解

　①赤ちゃんは、2か月になると、目や手足ができ、[心ぞう]が動き始めます。

　②6か月目の赤ちゃんは、[音]が聞こえるようになります。

　③生まれてくるときには、かみの毛やつめも生えていて、[呼吸]をしたり、おっぱいを吸ったりする準備ができています。

指導する際のポイント

　2分の1成人式を控えた児童がこれまでの成長を振り返るきっかけとなるような保健指導です。低学年での指導を発展させ、胎児の成長と母体の変化を時系列で学習します。胎児は母体に依存しながらも、胎児自身の生きる力をもって誕生します。そして、現在はさまざまな家庭事情があっても、誕生には生命の尊さと、喜び、祝福があると私は思っています。児童への保健指導ですが、保護者の方も振り返るきっかけになればよいなと思います。

生命の不思議（5・6年）

※シナリオはP100〜101をご参照ください

① 生命の不思議
小学校5・6年　　組

② 卵から生まれる生き物
魚類　両生類　こん虫類
は虫類　鳥類

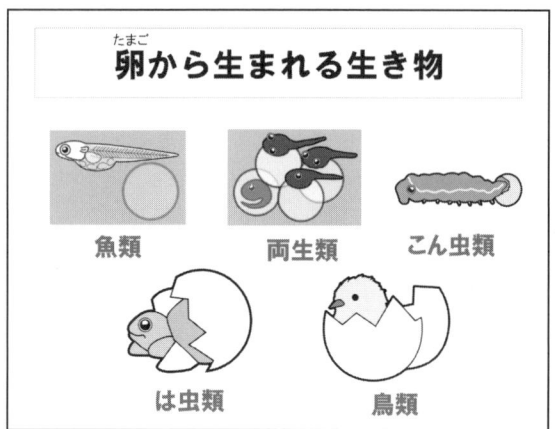

③ 母親から生まれる生き物
ほ乳類

④ 人間の赤ちゃんは
精子 0.06mm 1日に5000万〜3億個
卵子 0.2mm 1か月に1個

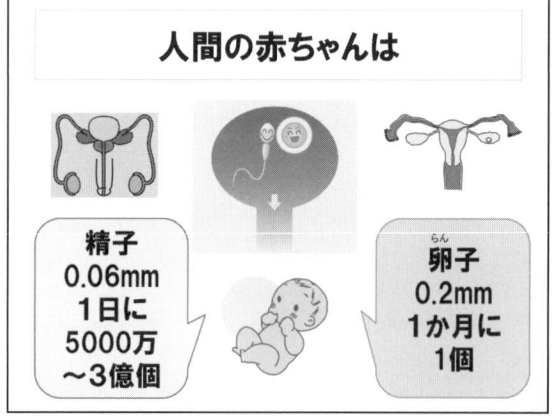

⑤ 精子の旅
迷い道　せまい場所
居心地が悪い　たくさんのひだ　食べられる

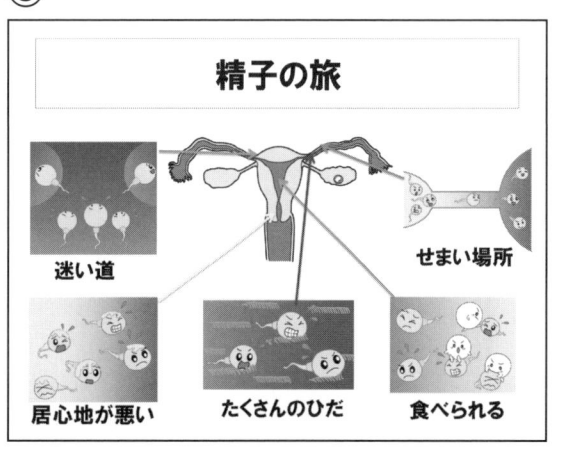

⑥ 3億分の1の出会い
受精

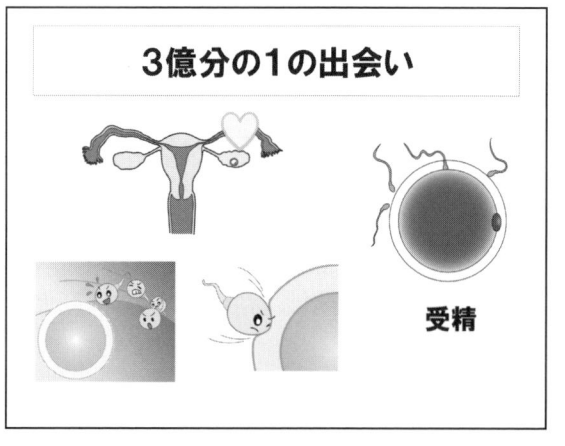

⑦ 細ぼう分れつ・着しょう

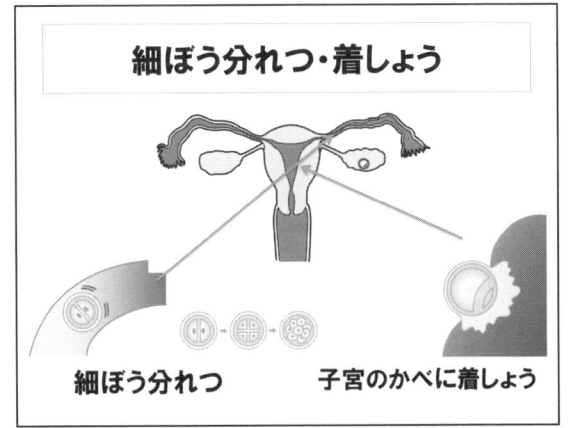

細ぼう分れつ　　子宮のかべに着しょう

⑧ たい児の成長（2～4か月）

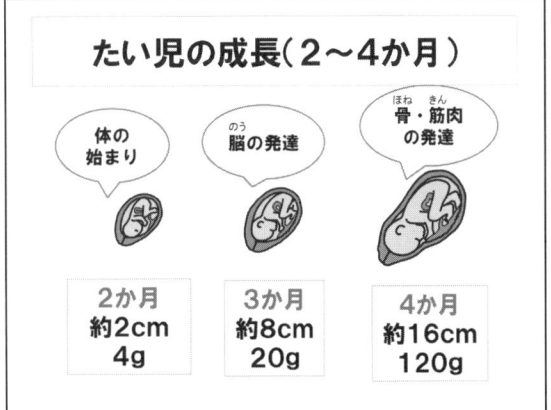

体の始まり	脳の発達	骨・筋肉の発達
2か月 約2cm 4g	3か月 約8cm 20g	4か月 約16cm 120g

⑨ たい児の成長（5～7か月）

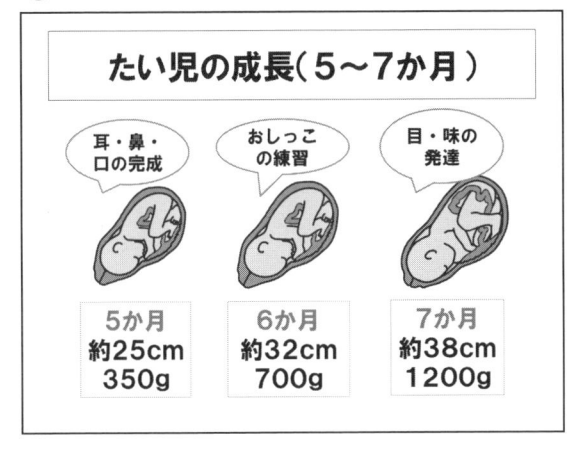

耳・鼻・口の完成	おしっこの練習	目・味の発達
5か月 約25cm 350g	6か月 約32cm 700g	7か月 約38cm 1200g

⑩ たい児の成長

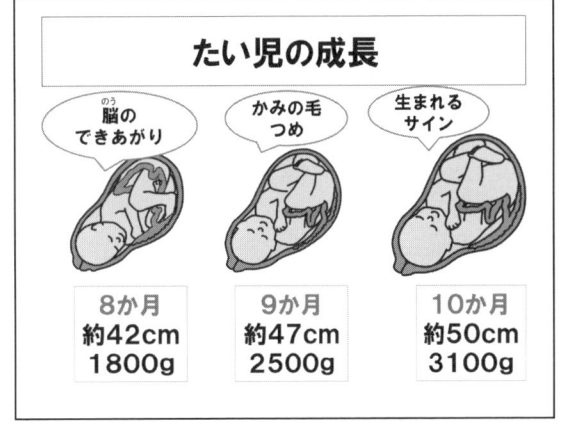

脳のできあがり	かみの毛 つめ	生まれるサイン
8か月 約42cm 1800g	9か月 約47cm 2500g	10か月 約50cm 3100g

⑪ 出産

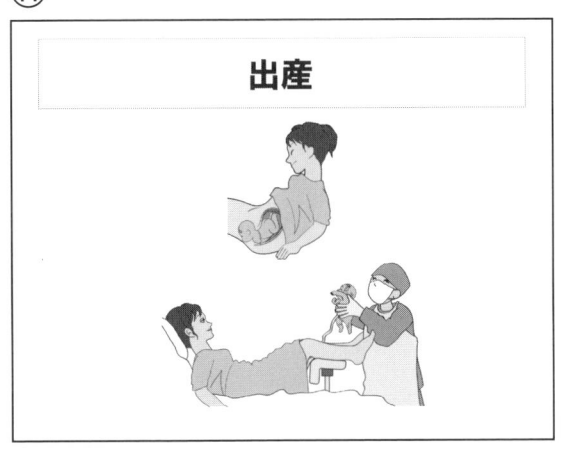

⑫ いのちへの感謝と喜び

おしまい

生命の不思議（5・6年）
～シナリオ～

①動物には、なぜオスとメスがいるのでしょうか。
　卵から生まれる生き物と親から生まれる生き物がいるのはなぜでしょうか。
　今日は、とっても不思議な命の始まりについて学習しましょう。

②メダカなどの魚類、カエルなどの両生類、チョウなどの昆虫類、カメなどのは虫類、ニワトリなどの鳥類は、卵から生まれます。

③ゾウやパンダ、イルカやイヌなどの哺乳類はお母さんのおなかから生まれます。
　私たち人間も、お母さんのおなかから生まれます。
　人間の赤ちゃんがお母さんのおなかの中でどのように成長していくのかを見ていきましょう。

④人間の赤ちゃんは、男の人が持つ赤ちゃんのモト「精子」と、女の人が持つ赤ちゃんの卵「卵子」が一緒になって生まれます。
　精子は、頭、からだ、しっぽからできていて、大きさは、約0.06mmです。頭にはお父さんの遺伝子が入っていて、10秒間に1mmぐらいのしっぽを使って動きます。
　大人になると、精子は、1日に約5千万～3億個、男の人の体の精巣でつくられます。
　卵子の形は丸く、大きさは、直径約0.2mmです。針で開けた穴くらいの大きさで、お母さんの遺伝子を持っています。
　大人になると、卵子は、1か月に1個ずつ女の人の体の卵巣でつくられます。

⑤約3億個の精子は、1個の卵子と出会うため卵管を目指して旅をします。
　いきなり、道が2つに分かれて迷ったり、狭い場所を通り抜けたりします。
　大変居心地の悪い場所やたくさんのひだに阻まれて動きにくく、力尽きてしまう精子もいます。
　また、ばい菌と間違えられ、白血球に食べられてしまう精子もいます。

⑥ようやく、卵子が見えてきました。
　卵子までたどり着くのは、3億の精子のうちのごくわずか数百にすぎません。
　しかも、卵子の壁は厚くて固い膜でおおわれているため、精子が協力して壁を溶かさなければなりません。
　やがて、その中の1個の幸運な精子が頭から卵子に突っ込んでいきます。
　すると、卵子は特別なバリアでおおわれてしまい、ほかの精子は入ることができなくなるのです。これを受精といいます。

⑦しかし、卵子と精子が出会ったからといって、必ず赤ちゃんになるとは限りません。
　受精卵がうまく細胞分裂を起こさなかったら、赤ちゃんにはならないし、うまく細胞分裂を繰り返しても、赤ちゃんが育つ部屋「子宮」に移動し、「着床」といって子宮の壁

の奥深くまで潜り込み、発育に必要な酸素や栄養をもらわなければなりません。
　様々な困難を乗り越えて、受精卵はやがて赤ちゃん、胎児へと姿を変えていきます。

⑧受精から２か月たつと体の主な器官ができ始めます。わずか約２cm、４gの大きさです。
　３か月では、頭と胴の区別ができて人間らしくなり、脳も発達します。体の大きさは約８cm、20gです。
　４か月になると、骨や筋肉も発達し、羊水の中で元気に動き回ります。体もぐっと大きくなって、約16cm、120gになります。

⑨５か月になりました。
　耳や鼻口の形が完成し、子宮の外の音を聞くことができます。体の大きさは約25cm、350gです。
　６か月になると、羊水を飲んで、おしっこを出す練習をします。体の大きさは約32cm、700gです。１か月で倍ほどの重さになりました。
　７か月では、まぶたを開けたり閉じたりもできるし、苦味や甘味の判断もできるようになります。体の大きさは約38cm、1200gです。

⑩いよいよ８か月になりました。
　脳のしわが増え、さらに発達します。この時期になると胎児の頭は下になります。体の大きさは約42cm、1800gです。
　９か月になると皮下脂肪が増え、髪の毛や爪も生えています。顔つきもしっかりして笑う、怒るなどの表情が出てきます。
　体の大きさは約47cm、2500gです。
　最後の10か月になると、いつ生まれてもいい状態になり、体の大きさは個人差がありますが、約50cm、3100gになります。
　そして、もう生まれてもよい準備が整うと、胎児から母親へ合図を出します。

⑪出産は、胎児と母親の共同作業です。
　胎児が生まれようとするタイミングに合わせて、母親が踏ん張って後押しをします。
　そして、おぎゃーという産声で、初めて肺に空気が入り、自分の力で呼吸をするのです。

⑫こんな壮大なドラマをみなさん一人ひとりが経験してきました。
　中には、妊娠中や出産時のトラブルで、もっと命がけで生まれてきた人もいるでしょう。
　自分という存在がこの世に生まれるということは、奇跡かもしれませんね。
　その奇跡の中で、みなさんは大きく成長し、自分の夢や目標に向かって頑張っています。
　今日の学習を通して、一人ひとりの命の素晴らしさと、これまでの成長に感謝し、お互いに喜び合いたいと思います。

「生命の不思議」（5・6年）ワークシート

___年 ___組　名前 _____

1　あてはまるものに〇をつけましょう。

①人間の生命の誕生について考えることができましたか？

[　　　できた　　　　だいたいできた　　　　できなかった　　]

②これからは、かけがえのない命を大切に生活していくことができますか？

[　　　できる　　　　ときどきできる　　　　できない　　　　]

2　☐　の中にあてはまる言葉を書きましょう。

①人間の赤ちゃんは、男の人が持つ ☐ と、女の人が持つ ☐ がいっしょになってできます。この状態を、☐ と言います。

②細胞分れつをくり返し、発育に必要な酸素や栄養をもらうために、子宮のかべにもぐりこむことを ☐ といいます。

3　感想や質問を書きましょう。

「生命の不思議」（5・6年）ワークシート解説

___年___組　名前_____

1　あてはまるものに○をつけましょう。

①人間の生命の誕生について考えることができましたか？　◀健康への関心

[　　　できた　　　　だいたいできた　　　　できなかった　　]

②これからは、かけがえのない命を大切に生活していくことが
　できますか？　◀実践への意欲

[　　　できる　　　　ときどきできる　　　　できない　　　　]

2　□□□の中にあてはまる言葉を書きましょう。　◀知識・理解

①人間の赤ちゃんは、男の人が持つ [精子] と、女の人が持つ [卵子]
がいっしょになってできます。この状態を、[受精] と言います。

②細胞分れつをくり返し、発育に必要な酸素や栄養をもらうために、子宮の
かべにもぐりこむことを [着しょう] といいます。

指導する際のポイント

　5年生の理科「動物の誕生」で、受精した卵が母体内で成長していくことや、母体内でへその緒を通して栄養分をもらい成長することについての学習と関連させた指導です。理科では「卵と精子が受精に至る過程については取り扱わない」とする歯止め規定があります。保健指導でも生命の連続性や尊さについての理解を深めることが目標であるため、集団指導で性交を扱うことは想定していません。自校の実態により性交を扱う場合は、説明責任を果たしてから実施してください。

MEMO

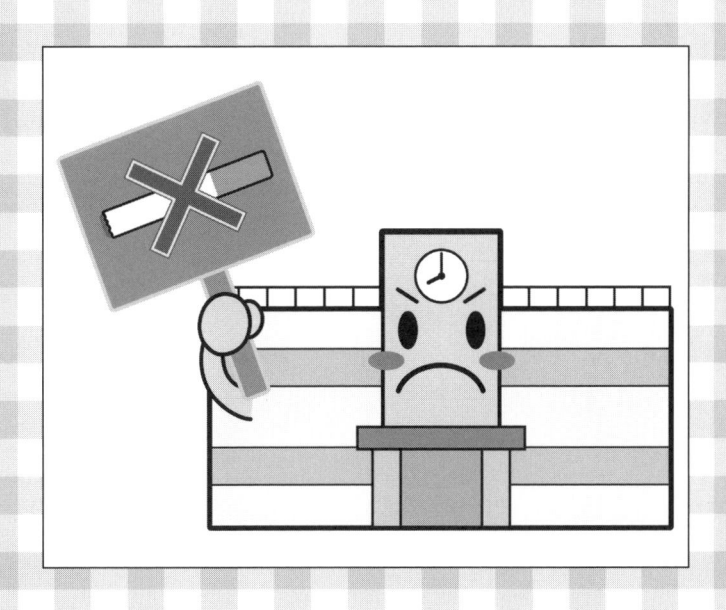

4章
薬物乱用防止

いろいろなのみもの（1・2年）

※シナリオはP108〜109をご参照ください

① いろいろなのみもの

小学校　1・2年　　組

② 水・お茶
- のどのかわきがすっきり
- 太らない
- むしばよぼう

（麦茶・お茶・ウーロン茶）

③ スポーツドリンク
- あつい日
- スポーツをするとき

④ 牛にゅう

⑤ 牛にゅうのはたらき
- きん肉やちをつくる
- 体を大きくする
- ほねやはをじょうぶにする

⑥ ジュース・たんさん水など

（オレンジ10）

⑦ さとうのりょう

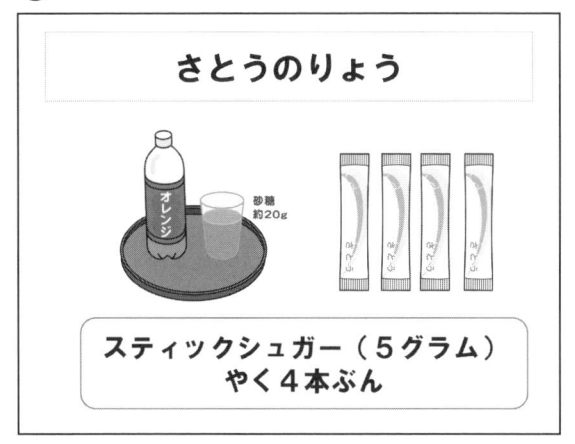

スティックシュガー（5グラム）
やく4本ぶん

⑧ ジュースやたんさん水をのみすぎると

太りすぎ　ほねがぼろぼろ　イライラ

⑨ おさけ

⑩ ジュース？　おさけ？

⑪ 間ちがってのんでしまうと

いのちがあぶない！

ふらふら・はく・たおれる など

⑫ 子どもはのんではいけません

子どもの体にはどくになります

NO!!
イヤだ！ぜったいイヤ！

おしまい

いろいろなのみもの（1・2年）
～シナリオ～

①みなさんはのどが渇いたときどんな飲み物を飲みますか？
　いろいろな飲み物がありますね。
　今日は飲み物について学習しましょう。

②まずは水やお茶です。
　お茶には、緑茶、麦茶、ウーロン茶などいろいろな種類があります。
　みなさんはどんなときに水やお茶を飲みますか。
　そうですね。
　ご飯を食べるときや休憩時間、汗をかいて喉が渇いたときなどに飲みます。
　水やお茶はいくら飲んでも太らないし、渇いた喉をすっきりさせます。
　また、ご飯やおやつの後、口の中に残った食べかすを洗い流し、むし歯になるのを防ぎます。

③次は、スポーツドリンクです。
　スポーツドリンクはどんなときに飲みますか？
　そうですね。
　名前の通りスポーツをしたときや、夏の暑い日などたくさん汗をかいたときに飲みます。
　しかし、スポーツドリンクの中には砂糖がたくさん含まれているため、運動をしていないのにお茶代わりに飲んだり、飲みすぎたりするのはやめましょう。

④次は牛乳です。
　牛乳はいつ飲みますか？
　そうですね。
　毎日、給食で飲んでいますね。
　おうちでも牛乳を飲んでいる人はいますか？
　たくさんいますね。
　赤ちゃんのときからずっと牛乳にお世話になっている人も多いかもしれませんね。

⑤牛乳はわたしたちの体で素晴らしい働きをしてくれます。
　体が大きくなるのを助けたり、筋肉や血をつくったり、歯や骨を丈夫にしたりします。
　学校が休みの日にも牛乳を飲みたいですね。

⑥次は、ジュースや炭酸飲料などです。
　甘くて、いろんな味がして、しゅわっと喉を通る感じがおいしい飲み物です。
　スーパーやコンビニエンスストアだけでなく、自動販売機などでいつでも買うことができきます。
　ジュースや炭酸水、コーラなどはいつ飲みますか？

喉が渇いたとき、おやつの時間や食事の時間にも飲む人がいるのですね。

⑦ところが、ジュースや炭酸飲料などには砂糖がたくさん入っています。
500mlのペットボトル1本に、なんと普通の大きさのスティックシュガー4本分の砂糖が入っているのです。

⑧たくさんの砂糖が入ったジュースや炭酸飲料を毎日飲んでいると、体はどんどん太っていきます。
また、むし歯になったり骨がぼろぼろになったり、イライラして怒りっぽくなったりしてしまいます。

⑨最後の飲み物はお酒です。
みなさんはお酒を見たことがありますか？
お酒は子どもが飲む飲み物でしょうか？
そうですね、子どもはお酒を飲んではいけません。

⑩ところが、近頃ジュースと見分けがつかないようなお酒が売られています。
どちらがお酒でどちらがジュースかわかりますか？
そうですね。
小さな字で見えにくいのですが、お酒は缶に「お酒」と書かれています。
ジュースのように見えてもお酒です。もちろん子どもは飲んではいけません。
しかし、大人が飲むためのお酒を、もしジュースと間違えて、子どもが飲んでしまったらどうなるのでしょうか。

⑪頭がガンガンして、体はフラフラ、胸はムカムカして吐いたり、心臓がバクバクして、倒れるなどで、命が危なくなることがあります。

⑫子どもの体にはお酒は毒です。子どもは飲んではいけない決まりがあります。
たとえ、知っている人から勧められても、子どもは絶対にお酒を飲んではいけません。
もしも、みなさんが、知り合いの人からお酒を勧められたらどうしますか？
そうですね。はっきりと大きな声で「イヤダ！絶対　イヤ！」といいましょう。
では、みんなで声をそろえて言ってみましょう。
お酒を勧められたら、「イヤダ！絶対　イヤ！」
今日は、いろいろな飲み物について勉強しました。
みなさんの体に大切な水やお茶、牛乳を中心として、ときどきお楽しみとしてのジュースは量を決めて飲むようにしましょう。

「いろいろなのみもの」（1・2年）ワークシート

___年___組　名前_____

1　あてはまるものに○をつけましょう。

①のみものについて考えることができましたか？

[　　　できた　　　　　だいたいできた　　　　できなかった　　　]

②もし人からおさけをすすめられたら、しっかりとことわることができますか？

[　　　できる　　　　　ときどきできる　　　　できない　　　]

2　☐の中にあてはまる言葉を書きましょう。

①ぎゅうにゅうには、☐☐☐☐☐を大きくするはたらきがあります。

②ジュースやたんさん水をのみすぎると、太ったり、☐☐☐☐☐がぼろぼろになったり、イライラしたりします。

③おさけをすすめられたら、☐☐☐☐☐☐☐☐☐と言いましょう。

3　かんそうやしつもんを書きましょう。

☐

「いろいろなのみもの」（１・２年）ワークシート解説

___ 年 ___ 組　名前 _____

1　あてはまるものに○をつけましょう。

①のみものについて考えることができましたか？　◀ 健康への関心

　[　　　できた　　　　だいたいできた　　　　できなかった　　　]

②もし人からおさけをすすめられたら、
　しっかりとことわることができますか？　◀ 実践への意欲

　[　　　できる　　　　ときどきできる　　　　できない　　　　　]

2　[　　　]　の中にあてはまる言葉を書きましょう。　◀ 知識・理解

①ぎゅうにゅうには、[からだ] を大きくするはたらきがあります。

②ジュースやたんさん水をのみすぎると、太ったり、[ほね] がぼろぼろになったり、イライラしたりします。

③おさけをすすめられたら、[イヤだ！ぜったいイヤ！] と言いましょう。

指導する際のポイント

　飲酒・喫煙・薬物乱用防止については、６年生の体育科保健領域「病気の予防」で学習しますが、飲酒経験者率は小学校５年男子ですでに54％、女子で48％となっています（川畑他、2005）。喫煙・薬物と比べ経験率が高く、家族から勧められることも多いのが特徴です。小学校低学年では、いろいろな飲み物を紹介しながら、飲酒は命の危険が伴うため絶対に飲んではいけないことを理解し、発育期に適切な飲み物を自分で選択できる力を身につけさせたいと思います。

川畑徹郎、西岡信紀、石川哲也他「青少年のセルフエスティームと喫煙、飲酒、薬物乱用行動との関係」『学校保健研究』46（6）、2005

たばこについて（3・4年）

※シナリオはP114〜115をご参照ください

① たばこについて
小学校3・4年　　組

② たばこのけむり
- 化学物しつ 4,000種類以上
- 有がい物しつ 200種類以上
- 発がん物しつ 60種類以上

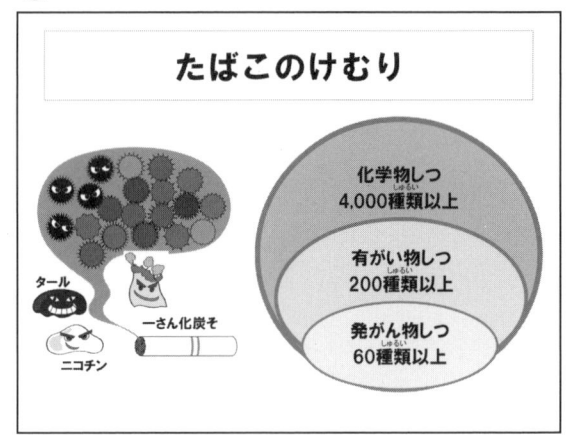

（タール／ニコチン／一さん化炭そ）

③ タール
はいを真っ黒にし、がんをつくる

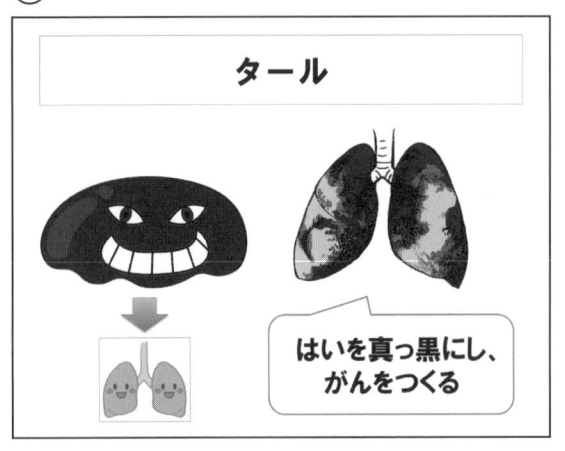

④ ニコチン
血管をちぢめ、心ぞうの働きを弱める
縮んだ血管

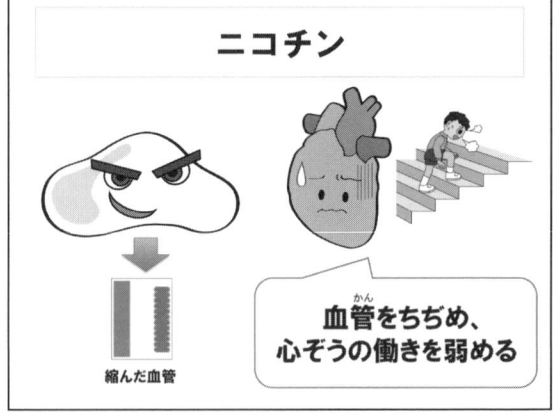

⑤ 一さん化炭そ
さんそ不足で、十分活動できなくなる
赤血球

⑥ がんになりやすい
すわない人とのひかく（男の人）
- こう頭がん 32.5倍
- 食道がん 2.2倍
- かんぞうがん 1.6倍
- はいがん 4.5倍
- 胃がん 1.5倍

平山雄「喫煙者のがんに及ぼす影響についての全国調査」2004

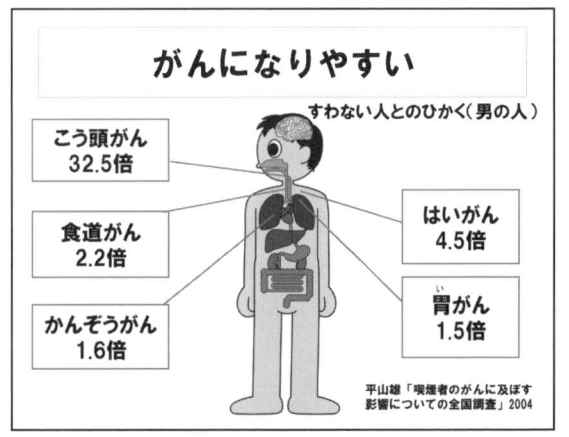

⑦ たばこはなぜやめられない？

ニコチンはたばこをやめられなくする

⑧ 周りの人にも悪えいきょう

目にしみる
鼻がいたい
せきが出る
など

⑨ 主流えんと副流えん

副流えん
主流えん

副流えんの方が有害

⑩ おなかのあかちゃんにも えいきょう

十分に育たない
早く生まれてしまうことも・・

⑪ 子どもの体には強くえいきょう

いのちのきけん

⑫ もしたばこをすすめられたら

イヤだ！ぜったいイヤ！

おしまい

たばこについて（3・4年）
～シナリオ～

①学校や、体育館、病院など多くの人が利用する場所では、たばこを吸うことが禁止されていたり、決まった場所でしか吸うことができなかったりします。
　私たちの体に悪い影響を及ぼすといわれるタバコですが、どんな影響があるのかを学習しましょう。

②たばこの煙には4000種類以上の化学物質が含まれています。
　中でも体に悪い有害物質は200種類以上、がんをおこすような発がん物質は60種類以上あると言われています。
　その中でも、三大有害物質といわれる、「タール」「ニコチン」「一酸化炭素」についてお話しします。

③まずは、「タール」についてです。
　タールは別名「やに」ともいい、肺をべとべとに真っ黒にします。
　また、肺がんや喉のがんなど、さまざまながんをつくる原因となるため、有害物質の塊とも言われています。

④次は、「ニコチン」です。
　ニコチンは、血管を縮め、血液の流れを悪くするため、心臓や血管を傷つけ、その働きを弱めます。
　そのため心臓がドキドキしたり、体温が低下したりします。

⑤最後は、「一酸化炭素」です。
　血液の中の赤血球は、酸素を運ぶ役割をしています。
　しかし、体の中に一酸化炭素が入ると、すぐに赤血球と結びついてしまい、酸素を運ぶ量が減ってしまいます。
　脳をはじめ、全身に運ばれる酸素の量が減り、すぐに息が切れてしまい、十分に活動することができなくなります。

⑥そして、たばこを吸わない人と吸っている人を比べてみると、たばこを吸っている人の方が、喉のがんである喉頭がんでは32.5倍、肺がんでは4.5倍もがんになりやすくなります。
　そのほか、食道がんでは2.2倍、肝臓がんでは1.6倍、胃がんでは1.5倍と体のあらゆる部分でがんになりやすくなります。

⑦このように体に悪い影響を及ぼすたばこをなぜやめないのでしょうか。
　実はやめないのではなく、やめることができないのです。
　たばこの煙の中にはニコチンという物質が入っていましたね。
　このニコチンは脳にも影響して、たばこをなかなかやめられなくしてしまうのです。

⑧また、たばこは吸っている人だけの問題ではありません。
　隣でたばこを吸われると、煙が目に入ってしみたり、嫌な臭いで鼻が痛くなったり、咳(せき)が止まらなくなったりします。

⑨たばこの煙は、吸った人の肺の中に入る主流煙とタバコの先から出る副流煙に分けられます。
　たばこの煙には有害物質がたくさん入っていますが、主流煙と副流煙では、どちらのほうがより多く含まれていると思いますか。
　実は、副流煙のほうが数十倍も体に悪い物質を含んでいます。
　吸っている人より、周りにいる人の方が、煙から受ける影響が大きいのです。

⑩また、おなかの中にいる赤ちゃんにもたばこは悪い影響を与えます。
　お母さんがたばこを吸ったり、家族が吸うたばこの煙をお母さんが吸ったりするとおなかの中で赤ちゃんはお母さんから十分に酸素をもらうことができません。
　赤ちゃんは、酸素不足で十分成長することができず、小さく生まれてしまったり、予定よりもずいぶん早く生まれてしまったりすることがあります。

⑪もし、発育途中の子どもがたばこを吸うと大人以上に悪い影響を受けてしまいます。
　頭の働きが鈍くなって、しっかりものを考えることができなくなり、勉強がはかどりません。
　また、身長が伸びなくなったり、少し運動しただけで息切れしたりします。
　歯や口、心臓や肺などの病気にかかりやすくなり、命が危険な状態になることもあります。

⑫もしも、みなさんが、知り合いの人からたばこを勧められたらどうしますか？
　「かっこよく見えるよ」「すっきりするよ」「一本だけなら大丈夫だから」などと言われたらどうでしょうか。
　そうですね。はっきりと大きな声で「イヤダ！絶対　イヤ！」と言いましょう。
　今日はたばこが体にとても悪い影響を及ぼすこと、子どもは絶対に吸ってはいけないことを学習しました。
　最後に、みんなで声をそろえて言いましょう。たばこは、「イヤダ！絶対　イヤ！」

「たばこについて」（3・4年）ワークシート

__年__組　名前_____

1　あてはまるものに○をつけましょう。

　①たばこについて考えることができましたか？

　[　　　できた　　　　だいたいできた　　　　できなかった　　　]

　②もし人からたばこをすすめられたら、しっかりことわることができますか？

　[　　　できる　　　　ときどきできる　　　　できない　　　　　]

2　☐の中にあてはまる言葉を書きましょう。

　①たばこには、「タール」という有害物質が入っていて、☐を真っ黒にし、がんをつくる原因となります。

　②たばこには、「ニコチン」という有害物質が入っていて、血管をちぢめて☐の働きを弱めたり、たばこをやめられなくしたりします。

　③すった人のはいの中に入るけむり「主流えん」より、たばこの先から出るけむり☐の方が、数十倍も体に悪い物しつをふくんでいます。

3　感想やしつ問を書きましょう。

「たばこについて」（3・4年）ワークシート解説

＿＿年＿＿組　名前＿＿＿＿＿＿＿＿＿＿＿＿＿＿

1　あてはまるものに○をつけましょう。

　①たばこについて考えることができましたか？　◀ 健康への関心

　[　　　できた　　　　だいたいできた　　　　できなかった　　　]

　②もし人からたばこをすすめられたら、しっかりことわることが

　　できますか？　◀ 実践への意欲

　[　　　できる　　　ときどきできる　　　　できない　　　　　]

2　□　の中にあてはまる言葉を書きましょう。　◀ 知識・理解

　①たばこには、「タール」という有害物質が入っていて、 肺 を真っ黒にし、がんをつくる原因となります。

　②たばこには、「ニコチン」という有害物質が入っていて、血管をちぢめて 心ぞう の働きを弱めたり、たばこをやめられなくしたりします。

　③すった人のはいの中に入るけむり「主流えん」より、たばこの先から出るけむり 副流えん の方が、数十倍も体に悪い物しつをふくんでいます。

指導する際のポイント

　健康増進法により受動喫煙防止対策が講じられ、児童が関連する啓発ポスターやCMなどを目にする機会が増えています。喫煙については6年生で学習するので、それまで指導しなくてよいというのではなく、学校や児童の実態に応じて、指導の機会を検討してほしいと思います。難解な有害物質名が出てきますが、保健学習への動機づけとしてそのままの表現を用いています。また、最後にシュプレヒコールすることで、たばこには手を出さないという決意がより強固になると思います。

薬物は絶対ダメ！（5・6年）

※シナリオはP120〜121をご参照ください

① 
薬物は絶対ダメ！

小学校5・6年　　組

② 薬の働き
- 病気のもとになるばいきんなどをやっつける
- 人の体が持っている病気を治そうとする力
  自然治ゆ力を助ける

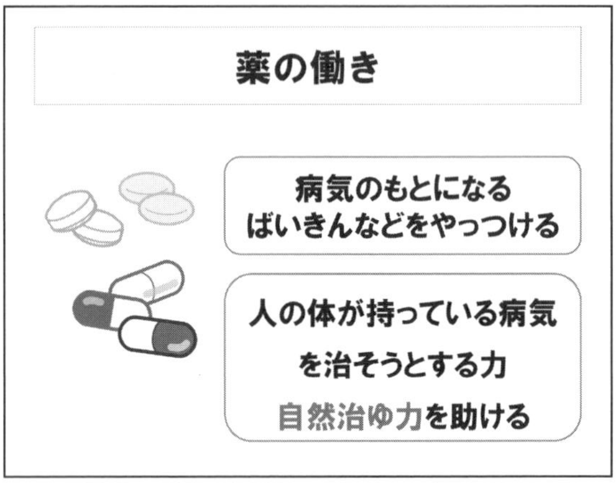

③ 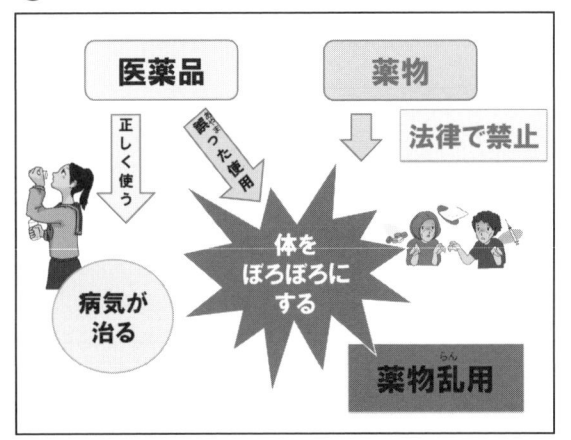
医薬品 → 正しく使う → 病気が治る
薬物 → 法律で禁止
誤った使用 → 体をぼろぼろにする
薬物乱用

④ おそろしい薬物
- お酒
- たばこ
- シンナー
- 麻薬
- 覚せいざい
- 大麻
- MDMAなど

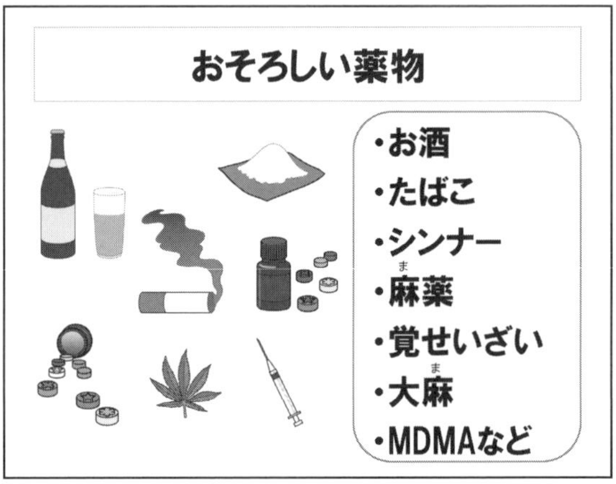

⑤ お酒・たばこ
未成年者は法律で禁止

⑥ 薬物が脳におよぼすえいきょう
正常の脳　薬物乱用者の脳
脳が縮み、正常な発達ができない
記おく力、思考力、判断力などが低下

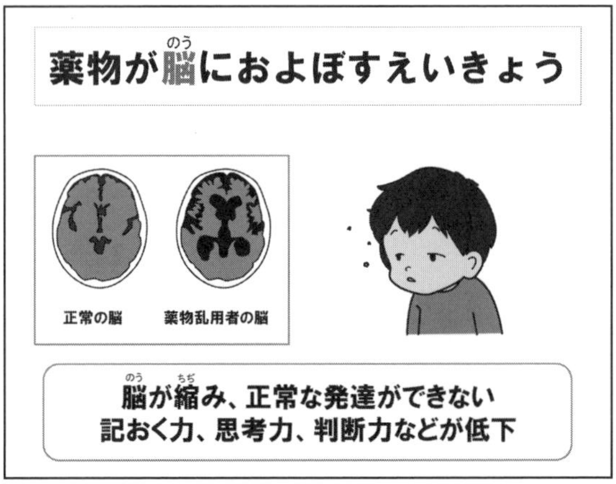

⑦ 薬物が体におよぼすえいきょう

命の危険

- 手足がしびれ歩けない
- 内臓が傷つき、食欲がない
- 視力の低下 など

⑧ 薬物が心におよぼすえいきょう

- イライラ 感情が不安定
- 実際はないものが見えたり聞こえたりする
- やる気がしない など

⑨ 薬物が社会におよぼすえいきょう

- 暴力
- ぬすみ
- 事故 など

⑩ 薬物にはい存性があります

- 1回だけなら大丈夫
- 苦しい！
- やめられない
- やめたい！

⑪ もしさそわれたらどうする

- 一度だけなら大丈夫！
- みんなやってるよ
- イライラがとれてスッキリするよ

イヤだ！絶対イヤ！

⑫ 将来の夢のために

おしまい

薬物は絶対ダメ！（5・6年）
～シナリオ～

①今日は薬について学習しましょう。
薬はどんなときに使いますか？
そうですね。
薬は、けがをしたとき、病気になったとき、病気にかからないようにするときなどに使います。

②薬には、2つの働きがあります。
1つは、病気のもととなる細菌などを直接やっつける働きです。
もう1つは、人の体が本来持っている病気を治す力、「自然治癒力」を高めて、病気を治すのを助ける働きです。

③これらの薬は、病院でお医者さんが出してくれたり、薬局で買ったりする薬で、「医薬品」と呼ばれています。
ところが、薬の中には、薬物と呼ばれているものがあります。
薬物は病気やけがを治さないばかりか、体をぼろぼろにしてしまうため法律で厳しく禁止されています。
しかし、残念なことにそのような薬物が実は私たちの周りにあるのです。
また、医薬品でも一度にたくさん飲んだり、病気でないのにいたずらに飲んだりすると薬物と同じように体や心がぼろぼろになってしまいます。
このように、危険な薬物を使ったり、間違った薬の使い方をすることを薬物乱用といいます。
そして、「たとえ1回でも」薬物を使用すると、それは「薬物乱用」になるのです。

④それでは、今から大変恐ろしい薬物についてお話しします。
薬物には、お酒、たばこ、シンナー、麻薬、覚せい剤、大麻、MDMAなどがあります。
初めて聞いた薬物もあれば、お酒やたばこも薬物なの？と思った人もいるでしょう。

⑤お酒やたばこは、発育途中にあるみなさんの体に害を与える大変危険な薬物の仲間といえます。
子どもがお酒を飲んだり、たばこを吸ったりすると、成長が止まったり、頭の働きが鈍くなったり、いろいろな病気にかかりやすくなったりします。
もちろん未成年者はお酒もたばこも法律で禁止されています。

⑥では、具体的に薬物が及ぼす影響について説明しましょう。
まずは脳への影響です。
薬物乱用者の脳は縮んでしまい、記憶したり、物を考えたり、正しく判断したりすることができなくなってしまいます。

⑦また、薬物を使用すると、手足がしびれて歩けなくなることがあります。
　また、胃から出血したり、肝臓や肺などの内臓が傷ついたりして、食欲も低下します。
　ほかにも、視力が低下して、目が見えなくなったり、シンナーの使用者では歯が溶けたりします。
　新聞でも報道されているように、命に関わる危険もあるのです。

⑧また、感情が不安定で、イライラしていると思ったら、突然、何もする気がしないなどの脱力感に襲われることもあります。
　また、物がゆがんで見えたり、いつも誰かに見られているような、自分の悪口を言われているような気がしたりして現実との区別がつかず混乱してしまいます。

⑨さらに、社会に及ぼす影響として、感情のコントロールが効かず、暴力をふるったり、薬物を手に入れるためのお金が欲しくて、盗みや万引きなどをしたりする人がいます。
　また、車で事故を起こすなど、自分だけでなく多くの人を巻き込んで取り返しのつかないことになる恐れもあります。

⑩薬物は、お酒やたばこ以上に、強い依存性があります。
　「1回くらい」とか「みんながやっているから」と薬物を一度でも使ってしまうと、自分の意志でやめることができなくなります。
　依存を断ち切るには、自分の力だけでは難しく、専門医や特別な施設などの支援が必要です。
　薬物の一番の恐ろしさ、それは「依存」です。

⑪もしかしたら、みなさんの身近な人から、たばこやお酒、そして薬物の使用を誘われることがあるかもしれません。
　そんなときみなさんはどうしますか？
　迷わず、強い意志を持ってきっぱりと断ってください。
　はっきりと「イヤダ！絶対　イヤ！」と言いましょう。
　では、みんなで一度練習してみましょう。
　「みんなやってるから使ってみない？」
　「イヤダ！絶対　イヤ！」

⑫みなさんは将来どんな夢を持っていますか。
　サッカー選手や学校の先生、大工や保育士、ケーキ屋さんなどいろいろ将来の夢を持っていることでしょう。
　しかし、「疲れがとれるから」、「やせるから」、「頭がすっきりするから」など、勧められるままに、好奇心や興味で、薬物に手を出すと、夢をかなえることができなくなってしまいます。
　「薬物には手を出さない」今日の学習をいつまでも心に留めておいてください。

「薬物は絶対ダメ！」（5・6年）ワークシート

___年 ___組　名前 _____

1　あてはまるものに○をつけましょう。

　①薬物について考えることができましたか？

　[　　　できた　　　　だいたいできた　　　できなかった　　]

　②もし人から薬物をすすめられたら、しっかりと断ることができますか？

　[　　　できる　　　　ときどきできる　　　できない　　　　]

2　☐の中にあてはまる言葉を書きましょう。

　①薬は、病気のもとをやっつけたり、人の体が持っている病気を治そうとする力☐を助けたりする働きがあります。

　②薬物を使うと、☐が縮み、正常な発達ができず、記おく力、思考力、判断力が低下します。

　③薬物には、☐があり、一度でも使ってしまうと自分の意志でやめることができなくなります。

3　感想や質問を書きましょう。

「薬物は絶対ダメ！」（5・6年）ワークシート解説

＿＿年＿＿組　名前＿＿＿＿＿＿＿＿＿＿＿＿＿＿＿

1　あてはまるものに○をつけましょう。

①薬物について考えることができましたか？　◀ 健康への関心

[　　できた　　　だいたいできた　　　できなかった　]

②もし人から薬物をすすめられたら、しっかりと断ることが

　できますか？　◀ 実践への意欲

[　　できる　　　ときどきできる　　　できない　　　]

2　☐の中にあてはまる言葉を書きましょう。　◀ 知識・理解

①薬は、病気のもとをやっつけたり、人の体が持っている病気を治そうとする力　| 自然治ゆ力 |　を助けたりする働きがあります。

②薬物を使うと、| 脳 | が縮み、正常な発達ができず、記おく力、思考力、判断力が低下します。

③薬物には、| い存性 | があり、一度でも使ってしまうと自分の意志でやめることができなくなります。

―― 指導する際のポイント ――

　小・中・高校生の薬物乱用生涯経験率は校種・男女を問わず5％以下（川畑他、2005）でごくわずかですが、地域の実情に応じて小学校においても薬物乱用防止教室を開催するように通知されています。短時間の保健指導では、医薬品と薬物の違い、薬物が与える心身や社会への影響を正しく理解し、薬物には絶対手を出さない強い意志を全員で共有します。衝撃的な実物写真は避け、イラストを用いることで怖い学習に終わらせず、将来の夢の実現につながる指導にしてほしいと思います。

川畑徹郎、西岡信紀、石川哲也他「青少年のセルフエスティームと喫煙、飲酒、薬物乱用行動との関係」『学校保健研究』46（6）、2005

おわりに

養護教諭養成に身を置いて

　現在、短期大学で養護教諭の養成に携わっています。過密なカリキュラムにも負けず、養護教諭になるという明確な目標を持って勉学に励んでいる学生の姿を見ると、自分の学生時代が恥ずかしくなってしまいます。なんとなく養護教諭になってしまった私を一人前の養護教諭に育ててくださったのは同じ養護教諭の先生方です。先輩の先生に導かれ、同期の先生と切磋琢磨し、後輩の先生から刺激を受けながらずっと走り続けてきた養護教諭時代でした。

　学生に講義や演習をしていると、養護教諭が担保とすべき専門性の多さに今更ながら驚いています。「経験」という名の下で、ときに自分の都合の良いように解釈し、少々緩い見方をしていたことを反省しながら、学生との学びを楽しんでいるところです。

　そして、今年3月、初めて「教員」として卒業生を送り出しました。何度も経験してきた卒業式ですが、感動とともに、彼女たちを自分の後輩として社会に送り出し、最後の母校となる責任の重さを強く感じた瞬間でもありました。しかし、卒業アルバムのゼミ写真のページをめくると、まるで保健室のような学生と私の姿があり、やはり、どこに身を置いても、私自身はぶれることなく養護教諭であり続けるのだなと感じています。

掲示物による保健指導

　さて、保健指導について少しお話をしたいと思います。

　新任間もないころ、廊下を歩く私に校長先生が玄関正面の壁面を指さして言いました。「この壁面もったいないと思わないか。先生の好きなように使ってみなさい」この一言で壁面掲示による保健指導が始まりました。

　学校の顔であり、すべての子どもが毎日通る一等地に、毎月の保健目標に合わせて、切ったり貼ったり、不器用な掲示物を作っていました。それでも子どもたちが、手作りのいびつな掲示物に足を止め、目を輝かせて見てくれるのがうれしくて、夢中になって作成していたように思います。もちろん、当時の保健室は現在の保健室と違い、メンタルヘルスの課題を抱える子どもはおらず、いえ、たぶん私の力量不足で気づくことができず、救急処置を中心とした保健室経営で、時間的にもゆとりがあったからできたことだと思います。

全校集会での保健指導

　今思えば、新任のころの私は、周囲の先生の温かい支えで、やりたい放題の保健指導をしていたような気がします。6月の歯の衛生週間には、保健主事の先生とのコミカルな寸劇や歯磨き指導をしたり、音楽の先生に歯磨きの歌を作ってもらったり、学校歯科医の先生に歯の大切さについてお話をしていただいたりしながら、集会活動の中に保健指導を取り入れていきました。この保健指導は児童委員会活動へと引き継がれていきます。

ビデオによる全校一斉の保健指導

　やがて、授業時間の確保が課題となり、学級ごとの体重測定時の保健指導についても見直しが行われ、新しく月に1回の保健指導の時間を設け、全校一斉のビデオによる指導をすることになりました。ビデ

オ制作は児童委員会の活動の一つとなり、ビデオ編集の技術を持たない当時は、一発勝負の緊張感あふれるビデオ撮りでした。

　今でも印象に残るのは、児童に家族の思いを伝え、生活の中で心や体を傷つけていることに気づかせ、命の尊さを理解させる「一人ひとりを大切に」という作品です。教頭先生をはじめ数人の先生に自身の子どもに関するプライベートなエピソードを語っていただき、親や家族の願いが児童の心の奥深くまで届いた作品となりました。その後、転勤先の学校でも、指導方法は変わっても保健指導は私と児童をつなぐ貴重な存在となっています。

パワーポイントによる保健指導

　そして、学校を離れ、4年間教育委員会の指導主事として勤務し、プレゼンテーションの必要に迫られてパワーポイントを自己流に使い始めました。オーバーな言い方かもしれませんが、保健指導の対象が児童から養護教諭、そのほかの先生や保護者、関係機関の方に変わっただけで、自分の伝えたいことをいかにわかりやすく自分の言葉で伝えるかという目的は同じであると思っています。また、パワーポイントは、時間の隙間を縫ってパーツで作り、後で縫い合わせるパッチワークのようなもので、多忙の中、新型インフルエンザという未知の感染症を説明するときも強力な助っ人になってくれました。

　本書には、実際に現場で使用したものもあれば、新たに作ったものもあります。まだまだ改善の余地も多分にあると思いますが、そこは、「書きかえも自由自在」の本書のメリットを生かし、養護教諭の先生の手でオリジナルのパワーポイントに仕上げていただきたいと思っています。

最後に「感謝」

　私は、薬師寺執事の大谷徹奘（てつじょう）さんの「よっぽどのご縁」という言葉が大好きです。養護教諭という仕事は決して一人でできるものではありません。多くの方とのご縁を紡ぎながら、子どもたちの健康と笑顔を求めて自分にできることを模索していく仕事だと思っています。どうか、本書がそのご縁の懸け橋の一助となってくれることを願っています。

　最後になりましたが、本書の出版に当たり、ご尽力いただきました少年写真新聞社の小池梨枝様、足立英臣様をはじめ関係者の皆様、そしていつも自由奔放な妻に驚きもせず後押しをしてくれる夫、少々あきれながらも家事を手伝ってくれる5人の子どもたちに心より感謝申し上げます。本当にありがとうございました。

2012年7月　高田恵美子

イベントカレンダー

1年間の主な保健行事や学校行事などを記載しました。保健指導を行う際の参考資料としてお使いください。

月	保健行事・学校行事など	保健指導例	本書参考ページ
4月	入学式・始業式 健康診断	元気に1日を過ごそう 健康診断の受け方	早ね早おき朝ごはん（P10～）
5月	健康診断 世界禁煙デー	体クイズ！自分の体について知ろう スモークモンスター	たばこについて（P112～）
6月	歯の衛生週間 梅雨入り プール水泳	歯を大切にしよう 体を清潔にしよう アタマジラミについて	はの王さまをきちんとみがこう（P66～） 歯肉の病気と歯のけが（P78～） 手あらい・うがいをしよう（P28～）
7月	梅雨明け 夏休み	夏を元気に過ごそう 熱中症を予防しよう	いろいろなのみもの（P106～）
8月	夏休み 鼻の日	きそく正しい生活をしよう 鼻の仕組みと働きについて	生活リズムを整えよう（P16～）
9月	運動会 救急の日	けがをしないように気をつけよう 自分でできるけがの手当て	
10月	目の愛護デー 薬と健康の週間 衣替え	目を大切にしよう 薬の話 体温調節について	薬物は絶対ダメ！（P118～） 上手な冬の過ごし方（P52～）
11月	いい歯の日 トイレの日	丈夫な体を作ろう トイレをきれいに使おう	生活習慣病ってなに？（P22～） よくかんで食べよう（P72～）
12月	学校給食記念日 冬休み 世界エイズデー	寒さに負けず元気に過ごそう 好き嫌いなく食べよう エイズってなに	冬休みのすごしかた（P46～） 冬のけがや病気に注意（P58～）
1月	インフルエンザ流行	かぜをひかないようにしよう	手あらい・うがいをしよう（P28～） せきエチケットってなに？（P34～）
2月		窓を開けて換気をしよう	インフルエンザの予防（P40～）
3月	卒業式・終業式 耳の日	健康生活の反省をしよう 成長の記録 耳の仕組みと働きについて	あかちゃんのお話（P86～） おなかの中へタイムスリップ（P92～） 生命の不思議（P98～）

参考資料

厚生労働省ホームページ
・生活習慣病予防特集
・早寝早起き朝ごはんコミュニティサイト
・インフルエンザ一問一答みんなで知って、みんなで注意！
・インフルエンザＱ＆Ａ

社団法人日本医師会
http://www.med.or.jp/

テルモ体温研究所
http://www.terumo-taion.jp/fever/influenza/protect/index.html

国立感染症研究所　感染症情報センター「パンデミック（N1H1）2009」
http://idsc.nih.go.jp/disease/swine_influenza/QAFlu09-2.html#q3

チャレンジ25　http://www.challenge25.go.jp/practice/warmbiz/index.html

学校歯科保健指導マニュアル
http://www.kenko-okinawa21.jp/kankobutu/gakkoshika/gakkoshika.pdf#search="

財団法人 8020 推進財団
http://www.8020zaidan.or.jp/index.html

財団法人 8020 推進財団　よく噛んでおいしく食べて元気な生活
http://www.8020zaidan.or.jp/pdf/kenko/iiha.pdf

株式会社なとり　なとり食育 BOOK 咀嚼のハナシ
http://www.natori.co.jp/joy/syokuiku/sosyaku/index.html#sosyaku01

社団法人日本学校歯科医会　健康な歯・口のための歯・口の健康教室
社団法人日本歯科医師会　テーマパーク 8020

妊娠・出産・育児　Dear Mom
http://www.dear-mom.net/

財団法人麻薬・覚せい剤乱用防止センター
薬物乱用防止「ダメ。ゼッタイ。」ホームページ
http://www.dapc.or.jp/

財団法人日本学校保健会　薬物乱用防止教育
http://www.hokenkai.or.jp/3/3-1/3-1.html

「喫煙、飲酒、薬物乱用防止に関する指導参考資料 小学校編」財団法人日本学校保健会

著者紹介

高田 恵美子（たかた えみこ）
畿央大学 教育学部 現代教育学科／畿央大学大学院 教育学研究科 教授

2003年、奈良女子大学大学院人間文化研究科人間行動科学専攻教育文化情報コース修了。
奈良県公立小学校養護教諭、奈良県教育委員会事務局保健体育課指導主事、関西女子短期大学養護保健学科准教授を経て現在に至る。
大学では、養護学、学校保健、健康教育を専門分野とし、養護教諭を養成している。

2011年、養護教諭制度70周年記念学校保健功労者文部科学大臣表彰受賞。

〔撮影協力〕奈良県香芝市立旭ケ丘小学校

保健指導おたすけパワーポイントブック《小学校編》1
～書きかえも自由自在～

2012年7月25日　初版第1刷発行
2019年11月15日　初版第7刷発行
著　者　高田恵美子
発行人　松本　恒
発行所　株式会社 少年写真新聞社
　　　　〒102-8232　東京都千代田区九段南4-7-16市ヶ谷KTビルI
　　　　Tel（03）3264-2624　Fax（03）5276-7785
　　　　http://www.schoolpress.co.jp
印　刷　大日本印刷株式会社
ⓒEmiko Takata 2012 Printed in Japan
ISBN 978-4-87981-435-7　C3037

本書を無断で複写・複製・転載・デジタルデータ化することを禁じます。
乱丁・落丁本はお取り替えいたします。定価はカバーに表示してあります。

スタッフ　編集：小池梨枝　DTP：金子恵美　校正：石井理抄子　装丁：細尾沙代　イラスト：SeDocシステム部／編集長：東由香